管理与人力资源
实用方法

THOUGHTS ON
MANAGEMENT

经济管理出版社
ECONOMY & MANAGEMENT PUBLISHING HOUSE

图书在版编目（CIP）数据

管理与人力资源实用方法 / 李波著． -- 北京 ： 经
济管理出版社， 2024. -- ISBN 978-7-5243-0002-1

Ⅰ．F243

中国国家版本馆 CIP 数据核字第 2025NY4041 号

组稿编辑：张巧梅
责任编辑：白　毅
责任印制：许　艳
责任校对：蔡晓臻

出版发行：经济管理出版社
　　　　　（北京市海淀区北蜂窝 8 号中雅大厦 A 座 11 层　　100038）
网　　　址：www.E-mp.com.cn
电　　　话：(010) 51915602
印　　　刷：唐山玺诚印务有限公司
经　　　销：新华书店
开　　　本：720mm×1000mm/16
印　　　张：16
字　　　数：218 千字
版　　　次：2025 年 2 月第 1 版　　2025 年 2 月第 1 次印刷
书　　　号：ISBN 978-7-5243-0002-1
定　　　价：88.00 元

序

　　笔者自 2010 年以来投身于组织、人、哲学三方面的研究中，并将研究成果应用于实践，收获颇丰。本书历时约 18 个月成稿，取名《管理与人力资源实用方法》，分为两个篇章：第一篇为人才发展篇，集中讲述面试方法、职业生涯管理方法；第二篇为思维方式与工作方法篇，主要讲述思维方式、科学工作逻辑及其工作方法、业务工作逻辑及其工作方法。

　　人才发展篇大胆提出积极物色和任用非常规人才，并鼓励此类人才牵头完成挑战性目标、解决现实难题。第一章提出了面试的三点困惑及解决思路，突出了劳动者的专业技能、职业成长性、价值观融合度的重要性，价值观、现能和潜力是面试遴选人才的核心评价维度。第二章主要借鉴了欧美职业生涯理论学说，提出业务、专业、技术、管理、顾问五种职业发展通道，其中，业务、专业、技术、管理通道是各类组织常见的职业生涯路径。组织对成员职业生涯的有序管理离不开核心思想的指导，即开放通道、鼓励职能转业务、鼓励内部提拔、坚持跨单位升调、动态平衡外聘与内选比例、持续建设人才梯队、缩短职业成长周期、扬长容短使用人才八条思想是人才职业生涯管理的核心指导思想。

相比人才发展篇，思维方式与工作方法篇的三章内容均具有创新色彩：其中，思维轮廓建立在思维常识基础上，力求呈现思维活动全景图；科学工作逻辑及其工作方法、业务工作逻辑及其工作方法意在消除人们对工作力有不逮的困惑，认识到天赋擅长、人事匹配的重大意义，掌握必要的工作方法，从而能够解决诸多工作难题。第三章为读者勾勒了理性、形象、情感、进化四种思维全貌，描述了 26 小类、107 个具体思维方式。笔者认为，丰富完整的理性和形象思维是高等智慧生命所拥有的高级思维方式，人类运用高级思维创造了文明。第四章指出，社会科学及日常管理范畴通常会用到科学工作逻辑及其工作方法，流程要素无限分解法、流程要素整合集成法是此类工作活动中的基本工作方法，找到最小份额法是重要的补充性工作方法。第五章详细阐述了三类工作、三种工作逻辑、三类擅长者之间的内在关系：一般专业及管理擅长者拥有科学工作逻辑天赋（包含潜能），业务及经营擅长者拥有业务工作逻辑天赋，科学理论研究及技术研发应用擅长者拥有技术工作逻辑天赋。

《管理与人力资源实用方法》一书既有传承亦有创新，丰富社会科学理论和有效指导实践是创作本书的基本意图。人才发展篇章重在传承并完善相关理论学说，思维方式与工作方法篇章重在创新突破及提出大胆假设。在通篇阐述及观点论证过程中，笔者融合了人性与心理、逻辑、推理、因果论、生涯、面试方法、潜能开发等各类知识，旨在说明面试甄别思想及甄别要素、五种职业发展通道的理论及实践价值，为读者展示了思维活动、工作方式方法的理论画像及论证依据，尝试解决组织的发展困惑和职业人的发展"瓶颈"。

成书之际，感谢母校河北大学，营造宽松的读书氛围，能让笔者有足够的时间在图书馆和社会实践活动之间游走，传承自由精神；感谢人大的诸位老师，包括宋继文教授、陈冠教授等在学术研究方面的启蒙与支持。本书出版有赖于刘莎老师的推荐，感谢张巧梅编辑在图书出版方面的严谨态度——一本专业书籍的打磨，不仅需要作者本人的用心创作，还需要图书编辑的专业审校。

2024 年 5 月 20 日

李波写于罗湖

目　录

上篇

人才发展篇

下篇

思维方式与工作方法篇

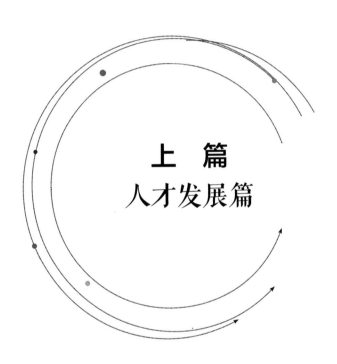

上　篇
人才发展篇

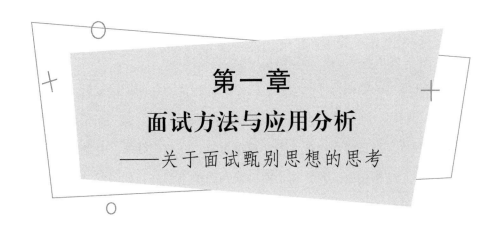

第一章
面试方法与应用分析
——关于面试甄别思想的思考

第一节　常见的面试方法及利弊分析

　　面试是各类组织单位选聘人才的关键环节之一，主要由社会招聘面试、校园招聘面试、组织内部选拔面试组成。组织单位无论面向哪一类群体进行招聘选拔，都不离开面试评估。面试评估既是外部人才进入组织内部的主要通道，也是内部人才晋升补位的必要环节。面试评估的方法技巧（以下简称面试方法）关乎人才筛选的效率与质量，而面试录取主观臆断或面试方法单一僵化必将为组织带来不确定性风险。

　　关于面试，自古迄今已有诸多成熟的方法论与实践。常见的面试方法包括单人与多人面试、笔试与机测、现场操作测试、面试布置作业等。

一、单人面试

（一）结构化面试、漫谈式面试、半结构化面试

结构化面试一般依据任职资格、岗位胜任特征固化问题形成题库，面试遵循标准化程序，面试官根据候选人的回答结果与题库答案、岗位任职条件进行比对评价。批量流水作业、程序简单重复、高效率筛选，是结构化面试的显著特征。结构化面试的弊端是面试误判的概率偏高，如果候选人应聘的岗位为技术含量不高的操作岗或后勤普通岗，那么风险可控。

漫谈式面试又被称为非结构化面试，通常不设问题框架和固定程序，因此很容易拖沓成为主题不明的散漫聊天。它看似对面试官要求不高，但倘若从面试质量考虑，它实际上对于面试官的综合素质及话题收放把控能力提出了更高的要求。面试官主动营造一个宽松的对话环境鼓励应聘者打开话题自由发挥——展现个性、充分表达思想观点、讲述思路和方法等。虽然是随机性提问和聊天，但整个漫谈式面试过程更需要内在的关联，避免面试效率低下、质量堪忧的情况发生。

半结构化面试其实是结构化与漫谈式面试的中间产物，在这种面试中，会提前设置面试问题框架和大致程序，面试官在框架内灵活提问和深挖问题，不至于太过拘泥于固定框架和程序。

（二）虚拟情景面试、真实情景面试

情景面试的前提是根据岗位工作场景建立情景题库，提炼系列工作场景问题，它混合了无领导小组讨论、案例分析、公文筐处理等多种面试方法。情景面试包含虚构情景和真实情景再现两种情景题库。

无论是虚构情景还是真实情景再现，所设置的情景、问题都与工作高度

相关，根据工作来设计问题。虚拟情景面试建立在虚构工作场景或案例情形的基础上，以模拟情景方式考察候选人的综合素质和阅历见地，非还原式再现已发生的事件。虽为虚构，但情景剧本是从工作实践中提炼加工而成的，仍有较强的参照意义。

真实情景面试建立在完全或部分还原的历史场景中，再现已发生的事件。面试官将候选人代入场景角色，借此考察候选人的综合素质和阅历见地。真实情景再现方式贴近用人单位、实战性强，尤其是当面试官全程经历该历史事件时，对于候选人的表现会有深刻的感受。真实情景需要具备典型性特征，最好有一定的新鲜性（近期发生的事件），这对情景题库的设计和更新要求较高。

（三）行为事件面试

以候选人过往经历的代表性事件作为谈资，鼓励候选人回顾事前、事中、事后的分析判断及决策过程、方法策略变化、行动得失，面试官发现明显逻辑漏洞时及时穿插提出疑问，从而综合评估候选人的综合素质水平及推测潜能。

面试官围绕候选人曾亲身经历的事情展开系列提问，通过详细的追问，获悉事件发生的时间、背景、危急程度、候选人所处的角色位置、当时想法及感受、思路、处理措施、多方沟通情况、行动障碍、方法策略、结果、遗憾等，筛选收集详细信息并据此进行分析判断。面试官需在行为事件面试过程中充分收集候选人所描述的有价值的信息，从中发现其能力特征。

行为事件面试有助于面试官深入了解候选人相关工作的实战性阅历、能力水平等，但若面试官阅历有限则有可能无法辨别候选人所陈述事件的逻辑漏洞，从而做出误判。候选人如若经常参加面试且精心准备相关案例，也容易在面试中加分（候选人之优点被放大）。

（四）数据化面试

面试以业务场景数字信息、经营管理数据报表作为沟通内容，面试官鼓励候选人在数据统计、分析、预测、决策探讨过程中展现个人的思维能力、专业素养和阅历沉淀，可用于业务岗、数据分析岗候选人面试评估。

中高级业务管理岗位的候选人有一定的知识阅历沉淀，应对业务及经营数据具备基本的敏感性，对所辖业务单位的财务报表、管理数据、主要合同、生产物资设备和人力资源情况如数家珍。面试官通过与候选人各种业务常识及具体数据的信息交流，快速判断候选人的知识阅历、经营意识、数据报表掌握水平。数据化面试方法不仅包括业务及经营层面的数据，还涵盖技术和管理层面的数据，候选人对数据的敏感和娴熟掌握程度可以充分体现候选人的经验深度、数据挖掘水平和分析预测能力。

数据化面试的前提是面试官本人须具备丰富的相关业务知识阅历，这样才能准确判断候选人的相应素质。数据化面试其实不仅适用于单人面试，还可广泛融合应用于多人面试、笔试与机测等过程中。

二、多人面试

（一）无领导小组讨论

无领导小组讨论建立在情景面试基础上，是多个面试官同时考察多个候选人的群面方式。设置的情景往往是紧急事件或解决复杂问题的案例，有一定的棘手性。面试官给定场景试题，只控制时间和必要环节，不干预多个候选人的角色自我认知、性格呈现、才华展现和竞争角力，面试官主要作为场景观察者和评价者存在。无领导小组讨论面试一般会设立自由讨论、个人陈词、总结陈词环节，由小组成员根据临时角色分配发言阐述主题观点、思路、举措等。

小组讨论尤其考验候选人的公关交际活动能力，但远不止考察这一点——成功的无领导小组讨论面试可以全程呈现候选人的个性色彩、潜意识团队角色、竞争表现意识、沟通协调能力、团队协作精神、基本的职业素养。

无领导小组讨论旨在通过集体考察、逐轮淘汰的方式筛选留下更加适合的候选人，无领导小组讨论过程本身难度并不大，但面试效果取决于情景题库设计和面试组织者的主持水准。

（二）公文筐处理

公文筐处理即管理者对公文的批量处理。面试组织者提供一间办公室（或会议室），放置一个公文筐，筐格呈满各种待批示的文件，交代说明候选人的角色，然后限定时间要求候选人批阅方案、通报、往来函件、客户投诉资料，文件来自四面八方（上级批转、下属报批、同级单位联络、外部单位往来），需要候选人短时间内决策处理。公文筐处理测试结合了情景模拟，多位面试官公开观察和评估候选人的表现，如果公文筐情景模拟高度贴合实战场景，那就非常考验候选人的日常管理水平和紧急处置能力。

公文筐处理测试能反映候选人的管理理念及分析判断、系统思考、沟通协调、危机处理、预见和决策、行业阅历积淀水平，一般面向管理岗人选出题。

（三）隐蔽观察面试

无领导小组讨论为公开观察面试，而隐蔽观察面试在候选人踏入公司大楼（或园区）那一刻起就已经开始。面试前的前台询问、面试等待、随机交谈、面试后的行为表现，都会成为侧面观察的内容。主面试官以寻常角色隐匿在某个角落，走动观察面试人的行为表现并随机对话，同时借助科技设备无死角监控已踏入公司场所等待面试或面试结束后尚未踏出公司大门的候选人。

候选人在正式面试过程中必然充分表现自身优势、避免暴露短板，隐蔽观察方式，有机会在不经意中发现候选人真实的职业素养、人际关系处理方式。隐蔽观察的内容实际有限，观察时间短促且很难获得有价值的信息。该面试方法费时耗力，或可作为其他面试的补充，并非常用的主流面试方法。

（四）集体混合面试

集体混合面试一般没有定式，由招聘官召集多个面试官面试一个或多个候选人，允许面试官轮番提问或穿插提问，面试官通常由人力部门、用人部门、业务指导部门人员组成，确保面试覆盖不同评估角度。

面试官自由提问和穿插补位、面试官与候选人自由讨论是集体混合面试的基本特征，面试官由主面试官和其他面试官组成，候选人面临多个面试官的多角度提问压力。集体混合面试需要一定的严肃性和彼此尊重，避免面试官在面试过程中频繁进出面试场所。

此种面试可以减少面试环节，但可能导致面试官责任压力分散，且易被强势面试官的评价意见影响，其他面试官丧失独立性意见，最终产生趋同性评价。

三、笔试与机测

（一）知识测试

知识测试包括公文、语言理解与表达、数学基础、逻辑推理、行业或（与）专业知识、法律常识等，其目的并不在于筛选优秀人才，而是作为二次面试入围的门槛，需要与现场面试结合运用。招聘部门针对不同面试群体所测试的知识范畴有所不同：一般专业职能基础岗位、普通管理岗位只需设计综合性基础知识试题，特定技术基础岗位则需要设计专业性较强的知识理论试题。

招聘单位一般将岗位所需专业知识、岗位周边知识、综合知识等作为主要测试内容，设置一定的题型、题数和答题时长，可批量测试、批量出结果，多用于基层岗位面试环节。知识测试比较常见，包括纸笔答题、单机答题、在线答题等形式，既可由招聘单位提供测试场所，也可远程操作，这种形式效率高，不受空间和时间限制，不论组织规模大小均适用。

（二）性格测试

鉴于个体性格对自身能力发挥、团队协作的深刻影响，性格测试在组织面试中受到广泛欢迎。关于性格健康程度、人格特征类型、显隐双重性格辨识方面的测试广为流行，各类性格分析试题已经比较成熟，既有针对儿童或青少年群体的成长测试，也有适用于职场经理人的定型测试，不一而足。譬如 DISC 性格测试、MBTI 性格测试、Ninehouse 人格测试，用于评估性格与从事工种的匹配性、极端性格预警，不过匹配性标准比较难设定。

组织任用人选的职位越关键，人才搭配越重要——人才搭配不仅涉及能力互补，更在于性格匹配，因此离不开各种形式的性格观察测试。除了考量人才因素，面试官还需要关注候选人性格中的不稳定特质，如情绪变化速度、心理脆弱程度、暴力倾向等，能力越强造成的破坏力越大。

（三）心理测验（客观心理测验/投射测验）

心理测验建立在心理学理论基础上，属于应用型测评技术。同样的测试内容和测试场景，不同的受测人呈现的测试结果千差万别。心理学测试结果可以作为组织面试比较人选的参考信息，客观心理测验题能够实现量化分析，测量结果以分值或其他数值形式呈现，结果既可与标准结果比较，也可与其他样本结果比较，用于动机评估、能力判断、人格分析，但需要测评软件产品的支持。客观心理测验无须模糊刺激反应和自由想象，重点测量受测者的某种倾向性。

相比客观心理测验，投射测验通过刺激物留痕观察受测者的反应，重点挖掘受测者隐藏的或未知的一面。投射测验很难实现量化分析和标准化输出，但可通过模糊推断和深入解读发现受测样本的心理活动、精神状态、欲望及潜意识等，有助于诊断治疗或评估任职风险。

心理测验对测评场景有较高要求，面试组织者应选择采光通风好、温度适宜、安静朴素的空间环境开展心理测试活动，最大限度降低外界因素对心理活动的干扰。

四、现场操作测试

（一）上机操作

招聘单位需要安排候选人操作机器设备或专业软件，由专业面试官评估对方专业技能是否过关。上机操作测试涉及广告创意、动漫设计、视频制作、排版印刷、编辑程序、安装设备、驾驶机器等诸多行业工种，机器设备操作、创意设计、编写程序、工业绘图等操作类技术人才招聘应将上机操作列为面试必备环节。

安排候选人现场上机操作测试、现场考评，或通过远程视频实时上机操作、远程考评，是上机操作测试的基本程序。某一特定技术类人才需求量大或面试程序严谨的用人单位一般会布置空间场所，采购配置测试训练用途的机器设备并安装专业软件，以供候选人批量上机操作。

面试官采用非操作方式的面试固然能获取候选人的部分重要信息，然而并不能掌握候选人操作技能的真实水平。辨识特定岗位候选人的专业技能熟练程度，是上机操作测试的基本目的。

（二）故障排查

技术故障既可以是机器设备故障，也可以是软件程序故障，是指它们在运行中发生的异常情况。排查和解决技术故障是维保、维修等技术服务类岗位人才的日常工作内容。在相关人选的外聘内选方面，面试官主要由资深技术人员组成，招聘官安排候选人实地检测设施设备故障或直接进入程序后台排查漏洞或错乱，要求候选人在限定时间给出诊断结果，并根据诊断意见提出排除故障的技术解决方案。

故障排查属于解决问题能力维度的考察，面试官看重候选人的技术操作能力、实战水平，候选人技术过硬与否是招聘单位决定是否录用的关键（当然还要看双方在职位、薪资待遇等方面能否谈拢）。故障试题分为两种：一种是主动设置的故障试题，另一种是真实发生的故障试题，二者均能用于招聘面试。故障排查能够反映候选人的真实技能，但如果故障设置过于简单则难以反映其真实水平，设置过于复杂又会消耗时间。现场故障排查通常作为其他面试方法的有益补充。

五、面试布置作业

（一）调研报告

对于高级管理人才或咨询类人才的面试评估，面试官除了在现场面试外有时还会布置课题，鼓励候选人进行现场踏勘、人员访谈和获取公开资料，给定时间周期邀约候选人出具一份调研报告，面试后结合现场面试意见及调研报告质量综合评估以决定是否选用。

编写提供、演示解说调研报告是候选人呈现个人综合素质的重要方式。调研报告的主线逻辑、结构设计、内容呈现足以体现候选人的调研深度、工作方法、思维方式、分析判断能力、观点见解、文笔表达等综合素质水平；候选人对调研报告的现场阐述足以反映候选人的语言表达能力、思路、商务游说技巧、个性色彩。

（二）解决方案

解决方案实乃调研报告的延续。调研发现和分析问题后如何解决问题，既能考察一个人的知识结构、理论水平、工作方法，以及考验一个人的逻辑、结构、系统、落地思维，还能看出一个人有无突破性思考能力。设计解决方案需要明确目的、要解决的问题，其背后有理论知识或尚未形成理论的经验支撑，只注重堆砌凑字、尽善尽美的方案不能有效解决实际问题。

面试官根据候选人提供的解决方案可以窥见其业务水平。解决方案思想保守、理论匮乏、思路混乱、内容空洞、毫无可行性则意味着解决方案质量的低劣。

（三）施政思路

招聘单位在物色高级管理人才过程中，面试官（通常为终面人）会让候选人草拟一份全局或局部规划及实施计划（也可在调研报告中直接加入施政思路篇章），根据候选人提供的施政思路文件仔细评估，作为录用决策的依据。

面试布置作业当然不止以上的调研报告及由此衍生的解决方案、施政思路、起草文书、构建模型、编写辞典、开发课件、主题演讲等都可以作为面试作业布置给候选人，由候选人自行决定是否承接交付。

第二节 招聘面试的三点困惑

招聘面试实践时间越长，遭遇的问题越多，这是常态。既然是困惑，就应该是长期困扰的难题，如能消除此类困惑并提出解决方案则意味着有巨大的价值。笔者在近 20 年的人力资源工作实践中面试业务人才（为组织直接带来经济效益的业务及经营人才）、专业人才（可共享通用的一般专业工作者）、管理人才居多，尤其关注业务人才、管理人才。作为招聘官和主面试官，笔者梳理总结出三点困惑：**第一点，"面试满意，试用一般"，新人前后表现落差引发争议，多数情况下勉强任用。第二点，"背景光鲜，试用寒心"，新人盛名之下其实难副，高开低走具有巨大反差。第三点，"面试看**

好，试用逃兵"，新人在面临诸多挑战的情况下容易萌生退意，为逃避责任而选择离职。

阅历所限，笔者的从业经历主要在咨询机构和服务行业，实践认知也局限在该从业背景范围内。

一、"面试满意，试用一般"落差现象

即使面试层层把关，招聘单位也只能判断候选人的态度和能力，并不能把控其行为结果。更何况，面试官面试结束后交换意见时容易放大共识而忽略分歧部分，无形中抬高了对候选人的预期。用人部门在试用中已发现新人诸多问题，但问题并非致命，且考虑到二次招聘的时间成本和不确定性风险——更替人选后仍然未必满意，用人部门容易在巨大的惯性中默许试用人员通过转正。

新员工试用转正，按 OFFER（录用通知）及薪酬确认函约定薪资待遇。无论组织是否满意新员工的试用表现，转正述职质询会上一旦表决通过，就意味着组织准备赋予对方正式员工身份和给予转正薪资待遇。新员工转正前后定薪或一致，或试用薪资为转正定薪的 80%，用人部门及业务指导部门是否满意其试用期间的表现与为之定薪多少在实际运作层面并不一定对等，反倒是受惯性影响，这意味着组织须为面试结果买单，当试用表现未达预期但仍同意转正情况下难以通过薪酬、职位等的合理调整来纠偏。

具备一定规模且处于上升势头的企业，新员工试用转正比例较高（一般超过 80% 甚至 90%），除非人力与用人部门之间或用人部门内部发生重大分歧，常态下新员工大概率会转正。虽然试用期选择留下的大多数员工能够转正，但并不意味着用人部门或人力部门对新员工满意，问题就在这里。

"带病"转正，即对于新员工转正述职，大家意见分歧但未必会坚持异

议，用人部门尤其是该员工的直接上司（或间接上司）实质性决定其是否转正，然后集体妥协表决通过转正意见，低估了勉强任用的风险隐患。粗放管理的中小微企业甚至连基本的民主程序也一概省略，由用人部门负责人单方面决定组织成员的去留。

新人在为期 3~6 个月的试用期内只要有相应工作任务就有考察评估的结果依据，至少能看得出新员工的实际能力水平。新员工的潜能正常情况下会延迟爆发。用人部门或人力部门把新员工在试用期的实际表现与之前的多轮面试评语进行比较，从而产生失落之情。面试时对候选人满意且有一定的期待，先不谈其上岗数月后的能力表现与成果输出优良与否，用人部门对于其是否合格也会产生疑虑，却又不能决断舍弃。用人部门为了减轻短期缺编压力和基于情感及人际关系因素的考量，默许试用期员工正常转正。用人部门既已感受落差却又宽容落差，只能通过加强在岗培训以缩小差距，或直接降低对其结果输出和工作质量的期待。

作为负责招聘的人力部门，如果长于反省或深入思考，**就会困惑为何新员工试用期表现和面试评价预期存在明显落差**。存在即合理吗？如何激发改进的动力？谁会主动剖析改进呢？多数时间我们对实际表现与预期落差的现象习以为常，不觉得有什么问题，更不会产生所谓的困惑不解。

二、"背景光鲜，试用寒心"冲突现象

在招聘诸如项目经理、店长、总部部门负责人、高级管理人员等关键岗位人才时，不少规模性企业及政府机构、公共事业单位倾向于选用具备知名品牌从业履历、知名高校毕业的人才。优先选择背景光鲜的人才侧面反映出组织认同一种假设——知名品牌、知名高校出身的人才属于精英人才，之前所受的教育、所浸染的文化、所成长的能力来自于社会普遍认可的知名平台，此类人才

不仅职务行为风险低，还能给公司发展带来积极作用。企业物色高级管理人才时积极于寻求高学历、具有上市公司背景、经验丰富的人才，这无一不昭示着企业的选人用人观。这种人才理念所带来的现实利弊，大家见仁见智。

人们以为教育和从业背景光鲜的职业人智商、情商应该不差，预期贡献价值大，这是典型的放大一两个优点之感性思维。在光环效应下，人们沉浸在感性认知和主观印象的想象场景中，等到糟糕的结果发生时才悔悟，但损害已成事实。人们对于候选人的光鲜背景产生以偏概全的认知，其实也是一种名人效应的作用结果，我们容易接受名人的广告宣传、公益倡议、行为示范，招聘面试也逃不出名人效应的藩篱。用人部门和招聘官倾向于招录从业履历出众、学历高、富有激情的社会人才和大学毕业生，从常识角度看并没有错，但试用前后落差之大，令人着实惊诧。

组织对一个人寄予多大的希望，就可能有多大的失望、落寞甚至寒心。在光环效应下，新员工的行为表现及结果呈现通常名不副实。普通职位新员工的言行举止尚无大范围扩散风险，然而作为新人的高级管理人员由于其职位的决策授权影响力，极有可能让组织陷入被动境地，包括破坏组织氛围、搞砸危机公关、造成经济损失等，让组织决策人或背后的投资人为之抓狂。职位授权越大，影响力也就越大，意味着决策风险成倍增加。处于关键岗位的人，其行为结果一旦发生偏差或引发不可预估的风险，组织成员的感受就尤为深刻。组织决策人、用人部门、人力部门倍感寒心自然也就不足为奇。

背景光鲜的人一旦对公司造成实质性损害，这种损害并不会随着其离职而立即停止，仍会持续存在。第一，在其的决定下，已经录用、入职、转正的一批同类人才，这些人仍在组织中的各个岗位上工作。第二，在其的决策下，管理团队内部产生分歧，陆续流失一批骨干人才。第三，在其的干预下，部分错误行为已事实发生，"拨乱反正"需要时间。

　　为什么经过层层筛选的新人，各方面资历条件优秀，其试用表现却令人寒心呢？ 若要问责面试官，用人部门、人力部门、业务指导部门相关面试官都应被问责，组织最高决策人直接下场面试和决策录用的高级管理者也可能会在试用期"翻车"。"背景光鲜，试用寒心"冲突现象带来的负面效应远比"面试满意，试用一般"落差现象表现得更直接和深刻，如果熟视无睹或不予以快速纠偏，将会给组织带来长远的冲击。

三、"面试看好，试用逃兵"翻转现象

　　组织对于关键岗位人才的招聘，会经历招聘负责人、用人部门负责人、分管领导甚至总经理多个环节的面试，面试的候选人达到一定数量时，有机会遇到面试官群体共同满意的优秀候选人。对于优秀候选人，组织会更加愿意录用，会优先谈薪、鼓励早日到岗。优秀候选人到岗后在试用期一路顺风顺水还好，一旦出现突发事件或面临棘手问题，被组织看好的关键岗位新员工却有可能打退堂鼓、充当逃兵，令人错愕。

　　关于优秀候选人到岗后却在试用期内主动离职的异常现象，人力部门调研发现，组织文化适应性、工作环境落差、重大突发事件冲击、各种疑难杂症叠加压力，是他们试用期离职的主要因素。

　　优秀候选人之所以被认定为优秀，是因为他们能在有限时间内提供组织想要的结果，包括丰硕的业绩果实、解决问题的成功案例。既然面试官预判录用的候选人属于佼佼者，为何试用期的行为表现（逃离）又大大出乎面试官的预料呢？优秀候选人是否一路顺风顺水而经不起挫折？优秀候选人可选择余地是否太多？优秀候选人性格是否存有缺陷——缺乏逆境毅力？有些优秀是否属于组织常识中的常规型优秀？其所履职的工作平台价值作用是否远大于个人价值贡献？

　　如果新人在薪资待遇、职位授权等核心利益及基本权益方面本无异议，

那么组织价值观、上司管理风格、团队综合素质、工作困难程度等因素对一个人的去留选择影响还是很大的。其中，组织氛围、管理理念、团队认知等属于组织文化的宽泛范畴。任何一位新员工在入职后都需要适应新组织的既有文化，先适应和融入才有改进之机会。组织文化色彩鲜明、团队成员个性较强、上司管理风格过于强势或过于柔和、团队业务素质普遍不高、管理高压与节奏紧张……这些因素必将加大新员工的适应与融入难度，让不少貌似优秀的新员工在试用期脆弱折断。

如果一件事的难度属于挑战极限或接近挑战极限——做成的代价远高于放弃的代价，多数人会选择放弃，包括所谓的优秀人选。此时此刻，人的性格特质凸显出来——少数不服输、工作作风强悍的人选会选择尝试完成难度系数大、代价高的事项。放弃是理性思考，是基于利弊分析后的趋利避害行为；迎难而上是性格使然，基于其顽强的意志和强大的征服欲。在不同的组织环境下，人们对于优秀或高潜的认知需要不同的定义。

即使排除了适应融入和放弃代价考虑因素，为何优秀人选还是容易当逃兵呢？面试被普遍看好的人选入职后没多久就提出离职，用人单位为此付出沉重的招聘和试用代价，以至于对太过优秀的人心生疑窦，反而宁愿退而求其次选择次优人才。"面试看好，试用逃兵"翻转现象绝不是孤例，在民营企业中比比皆是。

四、难题：如何甄别两种人（常人/非常人）

常人、非常人属于通俗的分类提法，不是每个人都愿意承认自己属于前者，尤其是年轻人。野心及自信因素迫使志大才疏者、内心敏感者等一众人士以非常人自居，区别于常人群体。在部分人眼里，常人暗含平庸之意，从情感上实在是难以接受。

何谓常人？即放下野心、寻常见识、思维受限、性格无特别之处、正常努力的平常人。组织中的常人居多，习惯于附和权威人士提出的观点见解，倾向于循规蹈矩执行行政命令而非突破性思考。但必须承认的是，常人中亦有能人、强人，仍可区分为优秀、高潜、一般、差劣。其中，优秀、高潜类的常人有一定的进取心和见识，思维相对活跃、愿意思考和提出观点见解、愿意通过行动改变现状。人之先天基因、思维和性格、身体条件、懒惰、家庭出身及教育背景等因素让人类个体更多成长为再普通不过的人，大部分人到了中年才终于接受了平凡的工作与生活，承认自己属于常人群体。

何谓非常人？拥有远大梦想、独立主见、思维突破、性格完美或个性鲜明、付出异于常人努力的少数群体。非常人善于觉察危机和发现机会，能以非常之思想、方法、行动成就非常事业。非常人与非常事业之间并不完全画等号，非常人中折戟沉沙的也不在少数。普通组织中的非常人凤毛麟角甚至为零也不稀奇，一个优秀的组织是由一批非常人和常人中的优秀、高潜人才带队，有机会带领组织创造奇迹。

根据非常人之定义，如果组织能够找到一批非常人，似乎能一举解决"面试满意，试用一般"落差、"背景光鲜，试用寒心"冲突、"面试看好，试用逃兵"翻转三种困惑。事实上，定义简单，甄别人选却极其困难。面试官的面试手段有限，更多基于候选人的意愿、现实能力和曾经的业绩来判断。一个主面试官如果属于常人群体（当然没有一个人会轻易承认自身平庸），如何能积极发现和愿意录用一名非常人呢？录用自然应当是一门尊重科学规律的专业工作，但在实际录用决策过程中却往往掺杂了私心，隐藏了人性的趋利避害动机。

面试官的面试方法、决策偏好及主观意愿增加了甄别非常人的难度。面对复杂微妙的人际关系，部分面试官对主面官的主观臆断可能选择妥协、沉默；过分关注现实能力与岗位任职条件的匹配性让面试官忽视了人的潜能，而过于重视潜能又会带来风险（此类人才入职后发生工作过错容易牵扯到面试官）。倾向于具备高学历、知名品牌背景的候选人对于普通职位来说未尝不可，但唯教育与履历背景论却不利于关键岗位人才的面试筛选，因为部分背景一般的非常人难以入围。刻意寻找完美的人最终会沦落为找到四平八稳的庸人，他们各方面均不突出但无明显短板——这种人在面试官眼中可控，在面试评价中会以各种理由提议录用。

选用非常人，人力及用人部门立即会指出一个看似无解的死循环：人才投入之定薪如果太高，虽然有机会招募录用一批非常人，但组织可能无法持续承受非常人队伍的薪酬成本和管理挑战；人才投入之定薪如果偏低，且提供的工作平台前景有限则无法争取到非常人的入职意愿。

非常人必然选择品牌知名度高、实力雄厚的工作平台吗？不见得。非常人的市场薪资待遇真的非常优渥吗？或许部分如此。其实仍有相当一批非常人处于潜藏状态，需要挖掘和激发才能充分释放其潜能，使其创造达到或超出预期价值的贡献。社会招聘、校园招聘、组织内部选拔乃用人单位挖掘非常人、常人之优秀潜人才的基本手段，挖掘意味着耗时耗力，意味着具有甄别失误的风险，意味着其脱颖而出威胁原本员工地位的可能……工作平台条件和薪酬竞争力现实因素只是组织外聘内选非常之人的障碍因素，或许并非核心因素。

第三节　消除困惑的面试甄别思考

一个人的试用表现完全匹配不上面试评价、背景光环、试用期待，已成各类组织的普遍性困扰，如何消除此种困惑？面试官将个人实力与平台背景密切连接，大概率会高估个人实力，直接影响对新人的定岗定薪考量。在光环效应下，无疑会拉高大家对"名人"的期望值，其快速跌落神坛在所难免。面试满意是否代表所有面试官的满意，还是仅代表个别主面试官的满意？有无掺杂妥协录用的人际因素？绝大多数人擅长妥协，尤其是在主面试官独裁的情形下，原则与标准往往会向人情和权力妥协。对于管理能力的过度重视，是否适用广泛的中基层管理岗位？中基层管理者能否脱离躬亲做事取决于人员管理幅度和业务体量规模，单论企业数量而言，大公司的数量远少于中小微型企业的数量，广泛的中小微企业中基层管理人员实质上仍需耗费大量时间和精力具体做事，这直接影响面试评估的侧重维度。

对组织而言，到底是人的现实能力重要，还是人的潜在能力更富有价值？如果一个人的现实能力代表赛道起跑线，那么一个人的潜藏能力能否创造弯道超车机会？是什么驱动一个人快速成长和释放潜能？成熟状态的优秀者和成长状态的高潜人才，哪种人更有可能给组织带来惊喜？不妨仔细梳理历史与当下、未来的关系。不可否认的是，非常人善于创造奇迹而超越组织的期待，常人之优秀分子给组织带来相对稳定的高于均值的贡献，常人之高潜分子给予组织的想象空间更大。

价值观看似虚无缥缈，却又实实在在影响人与人之间的合作意愿、人与平台的心理距离。当一个人心有信仰、有所坚守时，价值观能控制其行为，抵挡住金钱或其他核心利益的诱惑。同时，价值观也能突破核心利益的缺憾，驱使人们做出高尚的行为。团队成员之间、个人与平台之间的价值观应相融或相近，持有相同或相似价值观的新员工在适应组织过程中的抗压耐受能力自然会更强。

综上所述，关于如何消除面试困惑，笔者在困惑中探索、在探索中寻找答案。打破主要面试官的瓶颈，是解除招聘面试困惑的前提。人才招聘官、参与各类关键岗位面试的面试官至少应该是常人中的佼佼者。拥有录用决定权的各级用人部门负责人尤其是在任的中高级管理者应该是非常人或常人群体的优潜分子——组织只有保证了主要面试官群体的综合素养或业务水准，才有机会从人才入口端提高整体甄别水平。所以，组织的招聘面试先从找到优秀的招聘官、面试官开始，必要时由组织最高决策人亲自下场物色，宁缺毋滥。人力部门应联合用人部门共同清晰勾勒关键岗位胜任者画像，关注性格与命运的逻辑关系，组合选择适宜的面试方法，建立和应用评价标尺，结合标尺测量结果提出录用意见与定岗定薪策略。

一、如何减少人为干扰因素

人非机器，做决策时难免掺杂情感、利益等复杂因素，最终决策未必完全符合科学思路。决策者的情商、智商对录用决策的综合影响超过了任职资格、胜任素质等标准体系。

（一）情商对决策的影响

从宽泛意义上阐释，情商由悟性、理解力、人性洞察、换位思考意识、情绪感染力组成，高情商者敏于察觉和注意照顾他人的情绪，重视人际关系的润滑处理，努力化解矛盾或将分歧控制在一定程度范围内。情商高的人虽然说话做事充分顾及他人的情绪感受，然而很可能在决策上做了大幅度的妥协退让，未必符合决策人的初衷，也未必符合组织利益。若对人际关系过于敏感，决策者在处理事情及人事调整时会顾虑当事人的感受及核心利益冲突，倾向于平稳处理以缓和冲突。组织决策妥协虽有机会控制阵痛有序释放，但也意味着牺牲部分预期效果，以及不合理让渡部分核心利益。妥协有时还有可能引发机会主义者的反攻，造成更大的被动。

情商高的人致力于减少人际关系带来的困扰，同时为自己的职业生涯铺路。情商主导决策，妥协的可能性极大，甚至会无原则地退让，这样做的结果并未消除矛盾，而是将矛盾隐藏起来或转移了。所以高情商式妥协倾向需要靠智商来纠正，以消除或降低人际关系因素的干扰。

（二）智商对决策的影响

智商与语言及数学天赋有关，它能考验一个人的抽象思维、思路方法、运算能力，偏理性思考。当处理事件时，决策者通过数据分析、逻辑推理得出结论固然科学合理，但仍可能面临巨大的反对声浪——或因为触动了部分群体的核心利益，或单纯因为部分人对决策者个人的心理抵触。决策人除非情商低下，但凡有一些预见性，在运用智商思考时都会预判做出某种决策后所面临的处境，有勇气和有实力控制局面的人自然不必顾虑短期阵痛，有勇无谋或实力孱弱者在做出众人激烈反对但实际正确的决策时，其个人命运比较堪忧。

管理者情商太高时会削弱决策力，管理者智商太高时会直面决策压力。充分运用智商思考要求人们尊重自然和社会规律，看透本质和客观理性看待事物发展趋势，不必做出阻挠或破坏规律的行为。对于关键岗位人选的面试与录用，尤其需要主面试官排除非理智的杂音，适当考虑时机和代价，最终做出正确的有助于组织长远发展的用人决策。

（三）丢掉情感与形象思维

人际关系、情感偏好、个人私利因素在面试官甄别人选过程中容易成为干扰因素，尤其是当决策责任并非由面试官直接承担时，面试官在无职业道德约束下纵容严重干扰决策的行为因素，会直接削弱组织的人才优势甚至造成毁灭性灾难。

面试官选人若以情商为主导思考，录用的人选虽满足部分面试官的喜好，但极有可能与组织的理想人选差之千里。每一分妥协都将增加录用人选的差错率，差错事件累积必然导致灾难性风险。主面试官的用人理念是否与组织文化契合，以及主面试官在决策时的情商与智商转换思考对于团队组建、人才搭配至关重要。总经理对重要岗位所需人才的遴选如能割舍情感和形象思维认知，并基于理性判断选人，聚集一批高智商的人做事、高情商的人协调，必定能形成组织人才竞争优势。所谓丢掉情感与形象思维，其实是撇开人际关系因素和个人情感以及"晕轮效应"的干扰。

智商够硬，情商加持。人际关系情商主导，于个人而言趋利避害（未必符合组织长期利益）；工作事项智商主导，于个人而言尊重规律容易输出高质量成果（个人贡献与组织给予的回报未必对等），不管你愤怒与否还是痛斥批判，这是残酷的现实。

二、现能与潜能并重，提高面试质量

不同类别、不同层级岗位的面试流程与终审环节设计若是科学合理则有助于提高面试效率。提高面试效率只是组织招聘的基本要求，全面提升面试质量以找到非常人及常人之优潜分子才是组织招聘的根本目的。

（一）评估技能：多数岗位业务远比管理重要

根据人才擅长方向可将职业人才分为业务及经营人才、一般专业人才、技术人才、通用管理人才、顾问人才，由于行业和工种的丰富多样性，以上分类虽不能完全囊括所有人才群体，但足以覆盖绝大多数从业人员。本书所言的业务及经营人才，指的是与销售运营、市场拓展、招商引资、统筹经营相关的岗位人才，能为组织带来直接经济效益，但宽泛意义上的业务技能涵盖的是从事某个领域（产业或行业）所需的专业技能，业务人才、一般专业人才、技术人才等都需要掌握与工作内容有关的业务技能，从事专业性工作，在正式编制和岗位架构、审批流程上无团队管理权限，独立工作或紧密协同，只是工作内容有所差异。

任何一个组织，不管是"金字塔"结构还是扁平结构，管理岗位总是少数。非管理岗位人才占组织成员的比例较大，暂且抛开储备管理干部群体不谈，管理人数维持在较低比例水平是组织人才结构的常态，绝大多数组织成员属于需具备较强专业性的被管理者或自我管理者。以此推理，多数岗位对业务技能的要求远比管理能力重要。尤其是在扁平化的组织中，只有参与决策的高级管理岗位才能被视为纯粹的管理岗（或领导岗位），为数众多的中小企业中基层管理岗位人才还是要直接做事，同时承担部分管理职能。组织岗位设置及人数配置秉持精简原则，中基层管理人员不仅需要具备一定的管理能力，更需要具备专家级或资深业务技能水平，重要工作要躬亲，实时对下属实施业务教导。

因此，除了真正的纯粹管理岗外，用人单位面试中基层管理岗位人才不仅关注其管理素质，更应重视其业务技能，在候选人不分伯仲的情况下优先选择业务水平高的管理者做背调和谈薪录用。基于业务技能远比管理水平重要的理念识别人才，或能走出面试误区，减少"面试满意，试用一般"的落差现象。

长年习惯于做管理的人如果没有下属的支持则无法独立完成工作，也难以拾起已荒废的业务技能与他人协同做事。当组织面临精兵简政时，压缩管理层级、下沉管理人员、保留有限的管理人才和必要的业务技能人才就成为用人部门和人力资源部门的理性选择。舍掉一批管理人员看不出问题，而流失两三个优秀的业务技能人才则可能直接影响部门的正常运转。

（二）理性看待背景：光环效应下多数名不副实

背景只代表过去，拥有光鲜背景的候选人之光环随着时间的推移会快速衰减。除了少量人才在知名品牌的创立或发展过程起到中流砥柱或先锋作用，其余从业者在品牌平台上的履历不过是顺势而为。其个人才华被高看、平台能量被低估，人们对明星职业经理人会产生"晕轮效应"。招聘一方看重候选人的背景与预期价值，候选一方心动于用人单位的财力，仓促结合下的矛盾随着时间的推移日益增加直至尖锐化。但凡理性的人都应该明白，维系健康的合作关系不必刻意美化对方。光环效应下的名人只能远观，而不能长期相处。

候选人拥有良好学历教育、知名单位的工作履历，自然能获得人才市场的青睐。招聘单位不应排斥背景光鲜的候选人，也不能忽视他们曾经所受的教育和其工作经验，重点在于正常看待和仔细辨别此类候选人的真实水平，避免将平台资源和个人能力混为一谈。政府机构招考公务员，对于普通操作岗位无须设置高大上的学历和从业经验要求，反而应看重候选人的实操能力和成长性；公共事业单位（以高校和公立医院为例）招募教师、医生，应根据岗位专业要求设置必要的高学历、专业领域经验背景等任职条件。

招聘关键岗位人选，招聘官须谨慎设定"本科及研究生学历、硕博学位、省市国家社会荣誉、知名品牌及头部企业从业经历"等门槛条件，除非用人单位专门对标竞争对手进行定向"猎头"或出于阶段性集中提升候选人综合素质考量。知名高校毕业及高学历、品牌平台工作履历不代表一个人的真实水平，仍需要面试官综合运用面试方法考察评估其工作方面的素质能力。

理性看待历史，还原个人的真实作用和历史贡献，招聘单位应从面试录用环节尽可能消除"背景光鲜，试用寒心"的冲突现象。组织切莫急于将候选人配置到核心岗位上，如果已定岗核心岗位，组织应有序授权和布置工作任务，仔细考察评估，切莫立即委以重任，谨防诱发重大风险。

（三）评估潜力：成熟状态抵不过成长性

成熟状态的优秀人才能够为组织带来较大价值贡献，但他们的后续成长性也相对有限。对于优秀人才的招募筛选，如果用人单位无充裕预算和系统性资源支持，则不必耗费太多精力试图以高性价比的策略招募本行业或相关行业之优秀甚至顶尖人才。除非双方价值观契合，候选人认可工作平台前景，愿意降低身段加盟组织。

在人才政策、招聘渠道投入、薪酬待遇等条件存在诸多限制情况下，企图心强、行动意愿高、有悟性和有毅力、善于学习和富有反省精神、成长快的人才反倒应成为组织的优选。招聘面试关键岗位候选人既要看从业背景，更要看成长性，毕竟成熟状态的优秀人才价格高、挑剔上司和新组织环境、试用期稳定性也弱，而企图心强烈和行动力强大、悟性好的高潜人才被赋予重任虽有一定的风险，但有可能为组织创造奇迹。一个开放的、包容试错的组织自然会鼓励面试官大胆任用高潜者，尝试破除"背景光鲜，试用寒心"的用人困境。

成熟的背后代表了丰富经验、成功案例，然而其可塑性已经有限。年龄偏大、精力有限、身体机能问题频发的成熟人士，其企图心、工作激情也将大不如前，与年富力强的高潜人才相比，在挑战高难度目标、解决棘手问题方面也不见得出色。一个人的成长张力能够让人们扩展想象空间，高潜的年轻人具备身体条件和学习优势、工作激情优势，还具有其天赋和悟性所赋予的先天优势，有机会做出超乎常人的价值贡献。在与时间赛跑的过程中，一部分高潜人才成长为非常人，另一部分成长为常人之优秀分子，而晋升机会和业绩回报通常站在了成长性好的高潜人才这一边。

（四）找非常人：为关键岗位选配优质人才

政府机构、企事业单位等组织在发展期、转型期尤其需要一批非常人才。非常人思维大开大阖、主见性强、行为不受规则条框拘束，在日常管理过程难以被驾驭，因此常让上司感到头疼，同时由于经常违反一些规章制度而容易被投诉，造成管理压力，人们难免对此类人才怀有抵触情绪。一个组织到底想要什么？要经营结果还是要完善的管理秩序？要解决主要矛盾还是要表面和谐的组织氛围？弄清楚组织建立的初衷、运作的本质，就不难抉择。组织决策人在围绕本质抓要害的同时确保组织运作总体平衡、管理不失控就好。组织发展部门负责评估组织中不同岗位的挑战性（工作难度系数），对于高挑战性岗位破格录用非常人，避免"面试看好，试用逃兵"的翻转现象。

表面完美的人有可能是四平八稳而无明显缺陷的人，未必能承担组织之重任。真正完美的人虽属于非常人，然而在人才市场中凤毛麟角，招聘单位寻找的时间成本和薪酬成本高且不说，其可选择余地也有限。部分创业者和少数高级职业经理人拥有完美心态，具有偏执的热情，对合作伙伴及工作平台非常挑剔，组织决策人及招聘官倾向于寻找完美的人，容易跌入挖掘极端个例人才的时间陷阱。尚未被发掘的非常人混在平常人群体中，除了极少数几无明显缺陷的完美分子，非常人由于性格及思维特质等因素，比常人的优缺点更加明显，也容易成为常人群体有意孤立的对象。非常人是难以被驾驭的，且有脱缰之风险，同样需要非常之领袖来驾驭和凝聚共识。

对于高难系数的目标及重大问题，高职高薪聘请非常人履职承责，或者从组织内部发现非常人材质的高潜人才予以重用，是组织最高决策人、人才官的明智选择。没有相应的非常人才，很难破解现实难题。有鉴于非常人的稀缺属性，组织决策人及人才官也应积极挖掘常人中的优潜人才，通过外部吸纳和内部选拔组建一支高质量的核心队伍，以可实现的梦想蓝图和丰厚的物质回报激励他们带领团队创造奇迹。

非常人并非覆盖所有部门和岗位，组织的核心部门及核心岗位、重点培育业务、高难度系数的目标及重大问题在哪里，组织就应该将非常人配置到哪里。对于关键岗位人选，如大项目经理、旗舰店店长、大客户经理、大区负责人、技术带头人、财务专家、人力专家、知识顾问、高阶主管，寻找这些领域的非常人所付出的代价是值得的。在关键岗位任用常人，他们在顺境中或能完成组织的目标与任务，使组织平稳运转，但一旦组织内外部环境发生重大变化、资源条件严重受限，常人的能力瓶颈则暴露无遗。

（五）价值观认同：关注文化相融性与抗压耐受力

一个家庭对自己养大的孩子会有亲情、包容适应的一面，组织同理。组织内成长起来的老员工，其中有相当部分对组织文化的认同感较强，面对组织环境的变化通常能够主动调整适应。从人才市场招募的人才能为组织带来新理念和新方法，然而每个工作平台都有独特的文化基因，个人对新组织文化的适应性直接影响去留抉择。外部批量招募中坚力量意味着试用期留存率不足，另外对组织内梯队人才的职业发展也有抑制性伤害。

高阶主管离开工作平台不一定是职位和薪酬因素，价值观冲突产生的裂痕随着工作碰撞逐渐扩大终至不可修复。持续融洽合作的背后藏有组织成员价值观趋向一致的轨迹。非常人并非单靠丰厚的利益就能被诱惑，他们通常拥有独立的三观体系（价值观/人生观/世界观），对他们而言，当下既得利益和情感牵绊固然重要，但未来的前景却更值得为之奋斗。价值观不仅能让组织成员留在同一个工作平台，还能增加他们对挑战性工作的抗压耐受能力。但有一点值得警惕：一个组织如果长期只有一种声音、一种文化基因，就可能深陷其中而无法察觉组织所具有的弊端。一个良性的组织应该是既有主流价值观，又允许各种有所差异但不至于背道而驰的理念文化在组织的分支角落流动，组织成员在求同存异中奉献智力和体力劳动。

对于关键管理岗位用人需求，面试官应认真评估每个候选人的价值观与组织文化的融合程度，理念文化明显冲突、抗压性严重存疑的人，不必勉强录用。除此之外，对于外部招募与内部擢晋的比例，组织发展部门应从人才布局及人才来源结构角度出发进行合理设计，给予组织内部人才梯队足够的职业发展机会。

三、明确面试评判原则，提高面试效率

笔者着重于思想理论层面的研究，从智商与情商的运用、理性与感性的差异、现能与潜能的关注顺序、业务技能与管理素质的适用群体差异、价值观的作用、常人与非常人的区别方面探索如何消除面试困惑。对于组织而言，既然已有上述消除面试困惑的思考，就还需进一步明确评判原则，以提高面试效率。面试效率低下与面试流程过长、面试官缺少共识有直接关系。

（一）关于面试流程的设置原则

政府机构、公共事业单位、企业等各类组织每年先明确编制计划与盘点在岗人数，中途可根据业务变化报批增减编制方案，根据编制内用人需求进行招聘，避免做无用功。面试流程环节数量及终审节点的科学合理设置，有助于降低管理损耗。确定不同职层、序列岗位的面试环节及流程长度，是提高招聘效率的基本保障。

一般职员岗位候选人的面试，用人部门隔级终审、终审环节前置第三方部门（一般为业务指导部门）审核，至少需要两个面试环节，包括招聘岗位的直接上司、间接上司，以及业务指导部门的面试审核（可三选二）。面试通过后，人力部门根据岗位体系和薪酬标准定岗定薪，组织通过固化锁定方式贯彻标准化管理，岗位名称不规范、薪资超范围则无法录入人力资源系统。

关键岗位候选人的面试，用人部门隔两级终审、终审环节前置人力部门审核，至少需要三个面试环节，包括招聘岗位的直接上司、间接上司、分管领导或总经理，以及人力资源总监或以上人力岗位（人力分管领导）的面试审核（可四选三），人力部门根据岗位任职资格和薪酬标准定岗定薪。组织

对于关键岗位的优秀人才允许启用特区工资制模式（特聘人才协议薪酬）。当个别候选人的定薪超出同类岗位现有员工最高薪资水平时，应由总经理批准，可专设例外事项报批流程。

正常情况下，招聘工作遵循规定程序进行面试和录用，对于特殊岗位或紧急岗位，可采取两三位面试官合并至一个环节面试（集体混合面试）的方法，以减少流程在途周期，或可简化为人力部门负责人与终审面试官面试通过后即可背调谈薪录用。

组织工作者应遵循一个基本的资源使用原则：不在低能低效人员身上浪费时间，不在普通岗位上投入过多资源。适当简化普通岗位的面试录用流程，人才官及招聘官努力确保让优秀的面试官面试关键岗位候选人，但要警惕经常让下属代为面试的行为。

（二）关于面试录用的原则性共识

面试官对候选人的评价经常存在分歧，甚至彼此结论冲突，这种情况下，通常是由终审面试官仲裁处理，或其中一方妥协退让。终审面试官的仲裁是否基于组织的选用人理念及任职资格标准、面试官的妥协退让是否潜在损害组织利益，这些只有当事人心知肚明。事后结果带来的负面影响不断发酵时，才会引起组织决策层的关注和反思。

普通岗位的分歧尚不至于对组织产生全局性或局部深刻影响，各级部门正职、核心技术岗等岗位招聘在重大分歧中强行录用或从内部强行提拔不但会破坏组织生态，而且可能会给组织的目标达成带来阻碍。

负责任的人才官其实可以召集决策队伍预先商讨和确立关于面试的原则性共识，明确外部招聘、内部选拔人才时可以妥协及不能妥协的条件因素，达成共识框架以控制分歧，并确保共识思想总体上有利于组织发展。

对于关键岗位的面试录用或内部选拔，开放的组织应取得以下共识：

（1）优先重视业务素养（针对不同岗位工作特性分别侧重于业务思想理念、业务知识与规划设计、业务技能与方法策略），**允许管理短板的存在。**

（2）物色满意的人选（找非常人及常人中的优潜分子，宁缺毋滥），**尊重和包容个性。**

（3）重视成长性，优先给有潜质的年轻人职业发展机会。

（4）理性看待背景（结合自身资源条件，从不高估职业经理人的学历及从业背景价值）。

（5）关注文化相融性与抗压耐受力（价值观求同存异，但必须要有基本共识，尤其是管理岗）。

除此之外，由于管理岗位人才授权范围、职务影响力相比其他类型岗位更广泛，会直接影响一个团队甚至整个组织的工作氛围和行为方式，因此对于管理岗位的面试录用和内部选拔，还应进一步将以上共识提炼为以下三点：

（1）中基层管理干部必须是业务专家（忌讳四平八稳的管理风格，不怕录用有个性的人）。

（2）寻觅非常人，大胆录用高潜人才（优先给高成长性的人机会，每段履历都光鲜反而要慎用）。

（3）价值观必须契合，抗压耐受性强。

市场渠道开拓、招商、销售和经营类工作，组织优先关注擅长市场、招商、销售和经营的人才；人力、财务、品牌、法务、安全生产类工作，组织优先关注相应业务领域内的人才；科学理论研究、技术研发、产品设计和开发制造类工作，组织优先关注精于特定理论技术类型的人才。我们从不否认管理的价值，但永远都不要高估专职管理岗位的作用。管理素养具有通用性特点，各类岗位的人多少都懂一点管理，其中不乏管理素养出色的专业人员。组织决策人及人才官重点关注关键岗位队伍，兼顾普通岗位群体，积极物色非常人及常人中的优潜分子，理性认知个体的缺陷现实，用长容短但控制重大风险，把一个人的优势发挥到极致，这才是识人用人之根本。

第四节　关于面试甄别的要素及标尺

面试选人即使已拥有一套基本的原则性共识，面试官在实操中依然会产生争议，所以还需要建立一套判断标尺，以标尺测量候选人，提出录用及定岗定薪的意见。本书所提出的甄别要素和标尺只是明确了关注要点和粗略划定了等级，并未量化分级，主要适用于不同甄别要素组合下的情形。

一、价值观、业务现能和综合潜力三要素

在原则性共识指导下，面试甄别候选人的主要维度已厘定，集中围绕价值观、业务现能（业务现实能力）、综合潜力（综合潜在能力）三大概念性维度解构出具体测量维度。

价值观涉及是非曲直的判断，关乎一个人对工作及生活、婚姻、爱情等的看法。价值观不合者终将离散，勉强聚合则"祸起萧墙"。价值观契合能够形成团队聚合力量，价值观相悖或混乱则无法凝聚团队。于组织角度分析，除了价值观契合的成员群体，还有一种成员从思想上愿意调适和改变自己——主动协调个人价值观，努力向工作平台所宣扬的价值观靠拢，员工的融合意愿能起到修复裂痕、缓和分歧的作用。由此看来，价值观要素在面试选人时可以拆分为价值观契合度和思想协调意愿两个具体衡量要素。

业务现能，一是指现实业务能力水平（专业思想+专业知识+专业技能），

二是指基于业务能力的业绩呈现（财务数据+管理数据+项目成果），三是指专业深耕收获的成功案例（输出成果+解决问题事例）。业务现能的基本内涵是现实能力水平，包含与所从事的专业工种工作内容密切相关的业务思想、业务知识、业务技能，技工需要掌握业务技能，工程师需要掌握业务知识和业务技能，专家需要拥有专业思想和掌握专业知识。业务现能主要包含了业务思想、业务知识、业务技能三个方面，由于业务思想难以测量，因此以业务知识和业务技能为主要衡量要素。从朴素的生存发展观角度讲，人们掌握业务技能主要是用来解决问题、传递技能从而获得个人及群体的生存发展保障。业务技能据此又可以分为专业解决问题能力、业务教导示范能力。

综合潜力指综合多方面的潜在能力、有机会被开发的储藏能量。它可以从内驱绩优潜质、前瞻性领导潜质、加速发展潜质三方面进行论述，包含企图心、行动力、意志力、思维方式、悟性、学习精神、反省精神，还包含创新变革意愿、前瞻决策能力（预见应对）及聚焦能力。

内驱绩优潜质，顾名思义为直接带来优秀业绩的潜质，特指足以成为平庸与优秀分水岭的核心能力，企图心、行动力、意志力尤其是前两者是平庸与优秀的主要分水岭。这三种特质虽不能改变人的材质属性——常人与非常人具有天然的差别，但足以让自身成为同类材质中的佼佼者。在非主要依赖外力条件下，假定社会环境有一定的公平性和竞争性规则，人身体条件和智力正常，那么在工作或事业上的成功就主要凭借个人追求和持续努力来实现，逆境中还需加上不轻易放弃的决心和毅力。企图心涵盖了进取心、野心、雄心、欲望、梦想等意思，行动力涵盖了时间管理、行动节奏、奋斗状态等意思，意志力则包含了决心、毅力、坚韧不拔、斗志、不服输等意思。强烈的进取意识、持续的行动努力、坚定的信念三者是业绩优秀者所需要的核心素质。有行动努力而无进取意识，会止步于量的积累；表达决心但弱于行动努力，会止步于做表面文章；有进取意识而行动努力不够，会缺少必要的量的积累。

前瞻性领导潜质融合前瞻性与领导特质，前瞻决策、分析判断、创新变革是前瞻性领导特质的基本组成部分。各类组织所处的内外部环境处于动态变化过程中，任何事物只有不断适应新的环境才能持久运行，与其滞后不如提前调整，预见趋势并勇于决断、善于应变、创新变革属于前瞻性领导潜质的丰富内涵。人类常见的思维方式包括抽象思维、形象思维、情感思维等，而抽象思维又包含了逻辑、系统、结构、突破、工具、数据等，人们综合运用抽象思维和形象思维产出了代表人类文明高度的科学文化艺术成果，可以说抽象思维和形象思维是人类的高级思维方式。决策对行为方向、力量分布等有直接影响，在组织工作中富有预见性的理性决策能确保组织健康运转，避免以高昂的代价被动适应发展趋势。理性决策的前一逻辑环节为分析判断，分析判断背后有系统思维和逻辑思维的支撑，是人类高级思维活动的体现，分析判断能力、创新变革能力和前瞻决策能力共同组成了前瞻性领导潜质要素。

加速发展潜质专指人类个体的优质储藏能量，如果能够被充分开发则能产生类似裂变、聚变的反应。加速发展潜质与内驱绩优潜质有着本质区别，前者暗含了材质属性——常人与非常人材质。一个人的悟性、天赋擅长能够让他即使处于低起点也能加速超越他人，缩短成长周期。分析判断、方法策略、解决问题等都需要思维方式的支撑，思维瓶颈制约人的能力发挥，人们若能掌握丰富的思维方式并灵活运用，无论工作效率还是结果质量都能获得大幅提升。思维方式是加速发展潜质的重要组成部分。学习和反省，一个代表了知识获取速度和获取量，另一个代表了对实践活动的总结深度，成为个人成长的加速器。一个人的身体所需营养不足，发育就会滞缓、成长可能畸形，学习精神和反省精神也是个人加速发展潜质的重要组成部分。人自身的资源是有限的，无法满足每时每刻、方方面面的个人欲求，即使借助外部资源依然有资源输送方面的限制。人必须在庞大欲求中选择有限的梦想和职业目标，将企图心约束在一个方向，集中有限的资源要素才有机会实现梦想或职业目标。一个人的追求过多导致资源分散，只会拉长时间周期、阻碍行动节奏。聚焦能力，是加速发展潜质的又一重要组成部分。

本书根据价值观、业务现能、综合潜力三要素分解出 16 项具体要素，其中，价值观由价值观契合度、思想协调意愿构成，业务现能由专业知识理论、专业解决问题能力、业务教导示范能力构成，综合潜力由内驱绩优潜质、前瞻性领导潜质、加速发展潜质构成。具体如表 1-1 所示。

表 1-1　面试甄别要素一览

三要素		16 项具体要素	
		具体要素名称	要素术语简单定义
价值观		价值观契合度	个人对组织理念文化的认同度、个人工作行为与组织文化的相融性
		思想协调意愿	个人向组织文化理念的靠拢意愿、个人工作行为与组织文化的接近速度
业务现能		专业知识理论	与工作内容密切相关的专业知识丰富性、专业理论深度
		专业解决问题能力	专业理论及专业技术指导下的发现和分析诊断问题、解决问题能力
		业务教导示范能力	传递业务技能的方法和水平，业务教导语言表达能力和业务教导行为示范能力的组合
综合潜力	内驱绩优潜质	企图心	立足于明确追求的成就欲望、清晰的职业发展方向
		行动力	付诸行动的意愿、时间紧迫感、行动爆发力和持久性、奋斗状态
		意志力	决心、毅力，迎难而上的斗志、逆境中的坚忍不拔精神，自我勉励和信心恢复能力
	前瞻性领导潜质	分析判断能力	以逻辑、系统思考等理性思维活动为主导的分析信息和做出判断的能力，基于事实、证据、数据剖析做出判断

续表

三要素		16 项具体要素	
		具体要素名称	要素术语简单定义
综合潜力	前瞻性领导潜质	创新变革能力	主动调整适应趋势,工作领域的创新变革意愿、创新突破能力、变革能力的聚合
		前瞻决策能力	不拘泥于理论和实践经验,洞察趋势,富有预见性的理性决策能力
	加速发展潜质	悟性天赋	意图领会、快速理解能力,对某个业务领域的天然擅长潜质,对规律、人性、心理某一方面(或多方面)的深刻洞察力
		思维方式	运用理性、情感、形象思维的能力,思维活动方式及思维转换能力
		学习精神	学习意愿、学习方法、学习勤奋程度的聚合
		反省精神	通过观察体验、实践活动引发深度思考,自我剖析的勇气、深度和频次
		聚焦能力	集中个人或组织优质资源达成高价值目标的能力

二、衡量要素的标尺刻度与测量应用方式

本书所述标尺刻度并非 16 项具体要素的各自标尺刻度,而是综合一个人的三要素表现程度评定等级并提出甄别意见和定岗定薪策略。参照常见标尺刻度之量级,笔者将综合要素表现设定为 A、B、C、D、E 五个胜任级别,其中,A、B 两级又各拆分为 3 个小刻度。依据面试甄别要素一览表建立九级甄别评价等级刻度,分别设置 A+、A、A−、B+、B、B−、C、D、E 九个刻度。

价值观代表了思想理念,包括意识形态和组织文化,价值观冲突而无调和意愿则无法融合,所谓合作乃权宜之计。在管理扁平化、知识密集的社会发展趋势下,业务现能是任何类型岗位都需要的核心能力之一,包含了与工作内容密切相关的专业思想、知识、技能等,业务现实能力是劳动者的安身立命之本。综合潜力反映了一个人的材质属性和成长空间、成长加速度、潜在管理素养，由此可知一个人所储藏能量的大小。综合评估一个人的价值观、业务现能与综合潜力三要素，应根据三要素的组合方式重点罗列九种情形（并未覆盖所有情形），形成九级甄别定级及定岗定薪策略。具体如表1-2所示。

表1-2 基于三种面试甄别要素九种组合情形下的甄别定级及定岗定薪策略

刻度等级		判断要素	判断标准（同时满足条件）	面试录用（含招聘面试和内部选拔）及定岗定薪意见
一级	A+	不同职层、序列、职级的岗位，判断要素的侧重有所差异	价值观高度契合 业务现能完全胜任 综合潜力优	甄别意见：强烈推荐录用、大胆提拔 定岗定薪策略：不惜一切代价拿下——特区工资制，必要时创设职位，以事选人、人/事重组
	A		价值观总体契合 业务现能完全胜任 内驱绩优/前瞻性领导/加速发展潜质至少两项优	甄别意见：强烈推荐录用、大胆提拔 定岗定薪策略：匹配职位，竞争力薪酬拿下——特区工资制，合适职位，以事选人、人/事重组
	A-		价值观基本契合 业务现能完全胜任 内驱绩优/前瞻性领导/加速发展潜质至少一项优	甄别意见：推荐录用、推荐晋升或以其他方式重用 定岗定薪策略：匹配职位（以人择岗），预算内竞争力薪酬
二级	B+		价值观基本契合 业务现能总体胜任 综合潜力良	甄别意见：挑战性岗位及高级管理岗位候选待定（反复比选后确定），其他推荐录用，逐级提拔 定岗定薪策略：编制内合适岗位（以岗定人），预算内合理薪酬
	B		思想协调意愿强 业务现能中规中矩 综合潜力一般	甄别意见：关键岗位候选待定（反复比选后确定），非关键岗位录用，限制提拔 定岗定薪策略：关键岗位预算内合理薪酬，非关键岗位预算内平均薪酬水平，以岗定人
	B-		思想协调意愿中等 业务现能勉强胜任 综合潜力小	甄别意见：挑战性岗位及高级管理岗位淘汰，其他关键岗位候选待定（反复比选后过渡），非关键岗位录用，无须提拔 定岗定薪策略：预算内平均薪酬水平，以岗定人或下调职位/职级定岗

续表

刻度等级	判断要素	判断标准（同时满足条件）	面试录用（含招聘面试和内部选拔）及定岗定薪意见
三级 C		思想协调意愿**中等** 业务现能**勉强胜任** 综合潜力**存在发展瓶颈**	**甄别意见：**挑战性岗位及高级管理岗位淘汰，其他岗位均候选待定（反复比选后过渡），可替代性岗位录用，无须提拔 **定岗定薪策略：**预算内偏低薪酬
四级 D	不同职层、序列、职级的岗位，判断要素的侧重有所差异	思想协调意愿**弱** 业务现能**差距较大** 综合潜力**无**	**甄别意见：**一般不考虑录用，公共关系维护、社会资源整合等因素可考虑录用，反对提拔 **定岗定薪策略：**以人择岗，可替代性文职/后勤岗位预算内偏低薪酬水平
五级 E		**价值观冲突**且无思想协调意愿 业务现能**明显不胜任** 综合潜力**存在致命缺陷**	**甄别意见：**直接淘汰，反对推荐录用，反对提拔

我们可将 A+级、A 级人才称为卓越人才、超人，非常人材质，人才资源稀缺；A-级、B+级人才称为优秀人才、高潜人才，常人中的优等材质，在常人群体中所占比例不高；B 级、B-级则称之为合格人才，常人中的常见普通材质；C 级人才又称之为勉强合格人才，常人中的偏弱材质；D 级和 E 级统称为不合格人才，常人中的弱等材质和风险异类。组织中的关键岗位优先配置 A 级和 B+级人才，具有全局性或局部深刻影响的挑战性岗位必须配置 A 级人才，配置 B+级人才属不得已为之。D 级和 E 级人员占据组织的关键岗位将会严重阻碍组织的发展；B 级及以下人才占据组织的挑战性岗位时，组织依赖此等人才完成挑战性目标或任务几无可能。

以上九种代表性情形并未覆盖所有情形。在业务现能差距较大情况下，价值观契合、综合潜力优良的人才可适用于校园招聘、社会招聘中的基础岗位。业务现能突出而价值观冲突的人才，无论综合潜力如何，只要属于市场稀缺类人才，则可限制性定向使用，避免负面作用发酵（此类人才属于风险异类的一种）。一个人若无综合潜力但价值观契合、业务现能胜任，组织可将此类人才放置于成熟业务的相关岗位；一个人价值观契合，但业务现能和综合潜力皆不足——实在不堪大任，在业务收缩、编制瘦身趋势下大概率出局。

组织依据"面试甄别要素一览""基于三种面试甄别要素九种组合情形下的甄别定级及定岗定薪策略"进行面试录用及定薪，人力部门对于普通岗位在编制计划和薪酬标准内按个人能力价值定岗定薪，相对优秀者以人择岗；对于挑战类岗位、高级管理岗位的特殊人才，大胆突破岗位编制及薪酬标准限制，考虑人/事重组、以人设岗。

面试选人具体测量过程中出现分歧——除非事实证据明显指出某候选人不符合条件（包括任职资格、职业品性等）时，人力部门和业务指导部门可提出否决性意见，通常应以终审面试官意见为准。当对同一候选人的评价发生严重分歧时，又无确凿证据证明该候选人不符合任职资格及具有重大职业品性风险时，人力部门可提议增加面试环节，包括邀请总经理面试、业务专家面试等，面试后再复议决定是否录用。

以价值观、业务现能、综合潜力三类要素及具体要素为评估维度的面试评价适用于各类组织常见的岗位，尤其是对专业技能有一定要求的工种，中基层管理岗位同样适用。外部招聘面试人选，多数情况下人力部门仅靠背景调查无法深入了解拟录用人选的具体情况，而试用转正和内部选拔则需结合人选的近期绩效表现来考量。背景调查结果和近期绩效数据为三类要素评价提供了重要补充信息和修正机会。高级管理岗位人员的外聘内选则需要考虑领导力要素，依然可以参照价值观、业务现能与综合潜力三要素的评价，评价要素的满足条件组合与定级方式大同小异。

第五节 灵活组合运用面试方法

虽然"相由心生"有其内涵和道理，但若仅凭借神情容貌辨识一个人，则停留在了形象思维层面，难以穿透本质。从形象思维触发进入理性思维活动，对人的思想、知识和阅历积累具有较高的要求。人不可貌相，深入面试后才能做初步判断，让试用考察结果验证之前的判断（证实或证伪）。面试选人，面试官应结合价值观、业务现能、综合潜力三要素组合运用面试方法，将分项评估结果对应于标尺刻度。不同职层、序列岗位人才的社会招聘或内部选拔关注点不同，人力部门组合选择面试方法有助于提高面试效率和甄别准确度。

笔者根据岗位序列群体，将之分为管理序列、业务及经营序列、特定技术序列、一般专业职能序列岗位群体，根据面试侧重方向综合运用单人面试、多人面试、笔试与机测、现场操作测试、面试布置作业方法中的一种或若干种。

一、高级管理岗位人才面试方法

以数量庞大的企业类组织为例，高级管理岗位包括但不限于集团总经理、分管副总经理、一级部门（如业务大区/总部中心/大体量二级公司）主责管理岗。鉴于高级管理岗位人才能够发挥重大职务影响力，此类人才的面试选拔采取"多轮面试、严谨程序和允许破格录用"的策略，既降低选人风险又避免漏掉非常人才。

本书从岗位匹配关注点和组合面试方法两方面作简短说明，具体如下：

岗位匹配关注点：以人择岗、以事选人（人/事重组）。候选人价值观至少与组织文化基本契合（求同存异），面试官对外部候选人的岗位匹配关注点以综合实力（业务现能和管理现能）为主，以潜力为辅。内部选拔则重点关注综合潜力。面试官具体评估候选人价值观，业务现能要强但不必事必躬亲，更不苛求业务技能样样精通，管理现能允许有短板但不能有致命缺陷，综合潜力至少良以上。其中，价值观取向若与公司价值观有明显分歧，那么候选人的年纪越大，弥合可能性越小。

组合面试方法："单人面试+多人面试+面试布置作业"，以单人面试为主。具体而言，各级面试官多采用漫谈式面试、行为事件面试、数据化面试，辅以集体混合面试（多位面试官集体面试一名候选人），鼓励候选人撰写和现场演示解说特定主题的调研报告（含解决方案和施政思路）。人力部门当然也可以增加性格测试及心理测验，测试测验结果作为参考信息。

面试官的知识结构及阅历要达到一定的水准，否则很难与高级管理人才对话。如面试官在面试过程被"吊打"，将面临误判或被候选人看轻，候选人可能会慎重评估该组织人才队伍的综合素质。关于价值观的评估并非直接询问赞成什么、反对什么，一般在切入某个话题聊天过程中鼓励候选人自然带出观点见解，面试官通常应多问多听，不急于表达个人观点。面试官可鼓励候选人通过工作事件回顾或数据交流分析，展现个人的业务现能、管理素养及潜力。除此之外，终审面试官不妨提出一个开放式研究课题，在一定期限内请候选人编制和演示解说调研报告（包含具体解决方案及宏观施政思路），借此进一步评估判断候选人的业务现能水平及潜力大小。

在漫谈式面试过程中，面试官应主动把控话题、快速捕捉信息，获得高价值信息后才能做出准确的判断。为了在同一时空从不同视角评估高级管理岗位候选人，终审面试官可以邀请各环节面试官共同面试、穿插提问，目的并非减缩面试环节而是力图扩展信息获取面。终审面试官不受面试轮次的约束，可以在不同场合进行多轮面试沟通，以增进双方的了解。

二、中基层管理岗位面试方法

政府机构的处级、科级、股级（不铨叙）干部，企事业单位中的职能部门负责人/小团队负责人、区域公司经理、项目经理及项目管理岗、店长及门店管理岗，为各类组织常见的中基层管理岗位，其中，中层管理岗位一般属于各级组织绩效的承担岗位，而基层管理岗位是否直接承担组织绩效则由各类组织根据各自的组织绩效考核办法确定。

岗位匹配关注点：以岗定人，对于个别优秀或高潜人才则以人择岗。面试官对业务现能、综合潜力高度关注，对基层则优先关注潜力，重视价值观契合度。面试官面试选拔时，候选人的价值观契合度越高越好，业务现能越强悍、综合潜力越高越优先录用。 面试官应评估候选人价值观的契合程度，优先关注业务现能和综合潜力而非管理能力，鼓励躬亲主导而非坐办公室指挥做重要的事情。位列关键管理岗位的中层管理人员综合潜力不能存在严重瓶颈。即使是中基层管理岗位亦有管理难度，组织须将非常人、常人中的优潜分子放置于难度系数大的挑战性岗位上，保障资源供给，鼓励其充分发挥才华从而带领团队攻克难关、达成组织目标。面试官可以适当关注候选人的管理现能，并包容其管理短板，通过正副职科学搭配互补的方式提升管理现能。

组合面试方法："单人面试+多人面试+笔试与机测"，批量面试同一岗位候选人时以多人面试为主。 中基层管理岗位覆盖的群体广泛，部门工作特性及管理存在较大差异，针对这些岗位可运用的面试方法也丰富多样。若为零星邀约面试，则以单人面试为主。对于基层管理岗位候选人，采用结构化和半结构化、数据化面试效率高。对于中层管理岗位候选人，可增加情景面试和行为事件面试。批量面试同一岗位候选人时，招聘官在人才简历中筛选出若干（五人以上）候选人后以多人面试为主，将无领导小组讨论、公文筐处理、隐蔽观察面试、集体混合面试等方法派上用场。招聘团队或组织发展专家提前设计并提供情景面试和无领导小组讨论题库，前者可由面试官代入场景交流，后者则由招聘团队在讨论型面试活动中使用。知识测试、性格测试与心理测验等也是重要的补充手段，可在单人或多人面试前完成笔试与机测，作为面试比较评估的依据之一。对于中层管理岗位，招聘部门可适当增加公文筐处理、性格测试、心理测验等面试方法。总之，岗位越重要，采用的面试方法就越丰富，目的在于减少认知盲区、加强评估判断。

三、业务及经营岗位面试方法

业务及经营技能与业务现能中内涵不同，宽泛意义上的业务及经营类技能亦属于业务现能的范畴。业务现能指与工作内容密切相关的专业思想、知识、技能等，业务及经营岗位指为组织创造财富（包括但不限于营收、利润、估值、现金流）的部门机构岗位，是组织赖以生存发展的根本保障。渠道拓展、招商、销售、项目/门店/网点/办事处经营等岗位，都属于业务及经营岗位。业务及经营岗位无论承担的是组织绩效还是个人绩效，都以能体现经济效益的考核指标为主。

岗位匹配关注点：以岗定人，对于非常人及常人中的优潜分子，则以人择岗或者人/事重组。面试官优先关注业务现能和综合潜力，防范和控制价值观冲突风险。 在目标共识下，组织决策人鼓励业务及经营人员自由发挥赚取阳光下的钱财。面试官若针对业务及经营人才过分强调价值观第一，则可能过滤掉为数不少的业务偏才。业务及经营擅长型人才通常不受规则的束缚，淡化价值观立场或允许多种价值观在自我认知体系中混合运行，促成交易、逐利、整合资源、发展壮大是他们的聚焦点和功利目的，组织文化只是某种需要下的产物。业务现能、综合潜力同等重要，面试官要能从候选人身上感受到强烈的功利性从而产生业务创收及经营收益预期，当然阶段性结果是最好的验证。

组合面试方法：**"单人面试+多人面试+笔试与机测"，以单人面试为主。**面试官积极运用情景面试（尤其是真实情景）、数据化面试方式，对于经营类岗位，应增加行为事件面试，重点考察候选人的业务现能。当同一岗位拥有批量候选人时，招聘官可安排多对多、多对一等形式的集体混合面试。由于综合潜力与业务现能同等重要，基础岗位的综合潜力更加重要，各类组织不妨联合第三方咨询机构联合开发针对业务及经营岗位人才的性格测试、心理测验的机测试题，重点评估受测人的性格特点、综合潜力水平，鼓励选用业务及经营天赋型人才。

组织决策人及用人部门负责人应盯紧目标，极大包容业务及经营岗位人才的缺点，只要他们能取得胜利果实，不妨在有限约束下大胆任用，不必纠结于性格缺陷等问题。组织提供的平台资源越稀少，越需要大胆任用一批有缺陷的业务及经营人才。

除了面试环节，组织如何优化使用业务及经营人才还需要经过试用期的反复验证和纠偏，这类人才对试用评估的依赖性相比其他岗位人才较强。对于基础性销售岗位，招聘官使用多人面试方式，效率优先；对于高级销售岗和经营岗，则以单人面试方式为主，质量优先。面试流程增加笔试与机测环节，可以提高面试的准确性和客观性。

四、特定技术岗位面试方法

特定技术岗比各行各业的一般专业工种专业性门槛高，该岗位的人需要用到专业仪器设备、专业软件等从事研究实验、软件编程、配方研发、技术改进、工艺设计、产品开发与测试工作，大公司或科研机构将技术研发岗及技工技师岗位归集为技术序列，设计相应职级体系勾勒出技术人才的职业发展纵深通道。特定技术岗位的工作内容基本属于自然科学领域范畴。

岗位匹配关注点：以岗定人、以人择岗。面试官主要关注候选人的业务现能，关注但不强求综合潜力水平，以宽松态度看待丰富多彩的价值观、求同存异。组织对技术人才无价值观方面的特别要求，只要无明显的价值观冲突即可，重点考察个人的业务现能水平，如有综合潜力当然好，但不强求。对于技术骨干岗位（非管理岗），重点评估候选人的专业知识理论功底、技术诊断水准、解决棘手问题的专业技能，除此之外，最好在业务教导示范能力方面可圈可点。根据不同岗位群体的岗位匹配关注点（三要素侧重），面试官应灵活运用"面试甄别要素一览"和"基于三种面试甄别要素九种组合情形下的甄别定级及定岗定薪策略"，避免僵硬套用带来不适用问题。

组合面试方法："单人面试+笔试与机测+现场操作测试"，基础类技术岗位批量运用笔试与机测、现场操作测试方法。面试官主要来源于技术研发部门、与主营业务密切相关的技术工种岗位，由理论专家、技术研究人员、工程师、技师、技工组成，面试不同的技术岗位选择不同的技术面试官。用人部门管理者和人力部门需充分尊重技术面试官的面试评价意见。对于技工、技师、工程师类岗位候选人，知识测试、上机操作、故障排查是基础，基础过关后采用结构化、数据化交流方式深入面试，重点评估候选人的业务现能。面试官还要评估候选人的综合潜力，侧重加速发展潜质的考察评估，对于高智商的技术人才不必苛求其价值观的高度一致性。

人们的性格、思维方式、天赋既有先天成分也有后天开发因素，技术人才的先天成分占比较其他岗位人才更高一些。由于业务及经营岗、特定技术岗的挑战性较高，对相关人才的先天资质有一定要求，建立在天赋基础上的后天努力意味着良好的成长和回报预期。

五、一般专业职能岗位面试方法

一般专业职能岗位指通用型专业工种，可以跨产业、行业和组织共享使用，其通用的广泛程度与管理岗位相近。专业职能岗包括人力、法务、会计、财务、采购、品牌等各类企事业单位中的面向经营一线提供专业职能支持的岗位；政府机构及党派团体组织中的组织、宣传、纪律、财政、税务、工商、教育、司法、人力资源和社会保障类部门机构岗位也属于专业职能支持类岗位。一般专业职能岗位的工作内容基本属于社会科学领域范畴，带有一定的人际关系处理和管理特征，所以又可统称为综合管理岗。

岗位匹配关注点：以岗定人。面试官综合关注候选人的业务现能、综合潜力，鼓励录用综合潜力高的候选人，价值观与组织冲突时则一票否决。一般专业职能岗位虽有专业要求，但相比于特定产业/行业的技术工种，其通用性高、专业门槛低。文理工科人才通过一定的理论知识学习和实践摸索均可从事一般专业工种，这也使多数专业职能岗位人才在人才市场中供应量相对充裕。对于专业职能岗，面试官在候选人的价值观方面不能妥协。价值观、业务现能、综合潜力都重要，但不必苛求完美，假定候选人价值观与组织无明显冲突、有一定思想协调意愿、业务能力差一些（勉强胜任）、综合潜力较高，仍可录用。面试官评估发现候选人的价值观与组织冲突且无思想协调意愿（或思想协调意愿弱），即使业务现能、综合潜力良也依然会行使一票否决权。

组合面试方法："单人面试+笔试与机测"。一般专业职能岗位、可替代性强的文职或后勤岗位由于其决策授权有限，一般不存在职务影响性重大风险，且市场人才相对充裕，面试以效率为主。关于专业职能岗人选招聘，人力部门可设置知识测试、结构化面试（或半结构化面试）环节重点评估其业务现能，必要时辅以性格测试、漫谈式面试等探查其综合潜力和价值观倾向。

关于面试甄别三要素、要素组合定级方法策略，组织将之集中应用于管理岗位、业务及经营岗和特定技术岗位群体的招聘面试和内部选拔中，在资源条件允许的情况下一并考虑应用于一般专业职能岗位群体的面试中。单人面试加笔试与机测足以满足绝大多数一般专业职能岗位招聘面试与内部选拔需求，其余面试方法越少使用越好。事非绝对，由阶段性专业工作难度系数大及市场人才稀缺因素造成的特殊用人需求，会迫使人力部门及用人部门参照关键岗位人才实施招聘面试。

由于岗位任职资格及面试官主观意愿的理想化，加上现实资源条件的诸多限制，各类组织大多数情况下都很难物色匹配到满意的人才，此时就需要考虑团队能力的有效整合：用人部门通过对部门人员的能力进行组合搭配以满足部门机构职能需求。招聘官及用人部门负责人实施外部招聘或内部选拔时，必须优先考虑岗位所属部门机构的贡献方向、职能设置、在职人员的能力擅长与短板，通过"部门人才的能力组合搭配"进而满足部门机构的全部职能有效运作需求。

在面试评估实操中，用人单位也不必拘泥于"三类16项"胜任总和测量标准，因为该测量标准仍不能穷尽描述候选人的各种条件情形，仅作为大致参考标准。人才的业务现能、综合潜能、价值观与组织之间的匹配程度越高，互相吸引程度也越高，在分配激励机制吸引下一旦合作必会实现"平台成就人才、人才壮大平台"之良性循环。

中基层管理干部必须是业务专家，组织决策人应致力于寻觅非常人并大胆录用常人中的优潜人才，价值观必须契合（意味着坚强的抗压耐受性），组织应将之内化为管理用人基因，在外部招聘与内部选拔活动中不折不扣地践行。

如果组织内管理人员良莠不齐、整体素质水平不高，对于关键管理岗位及挑战性岗位用人需求，政府机构和企事业单位最高决策人及用人部门负责人不妨突破常规面试流程限制，主动下沉面试选拔此类岗位人才。在关键管理岗位人才面试选拔方面，组织最高决策人宜将之视为人才布局战略落地的重要一环，遴选一批优秀的面试官参与面试或由组织最高决策人亲自下场终审面试。彻底消除系列面试困惑需要结构性调整和系统性改善，除了面试评判原则性共识、面试甄别要素、面试甄别标尺、面试方法论外，面试官的综合素质亦至关重要。如果面试官自身都存在重大问题或致命缺陷，如何保证选拔录用的新人大多数符合组织选人共识与用人标准呢？

第六节　试用考察

招聘单位即使科学运用面试方法和面试甄别要素，录用的人才依然有不合格或差强人意者。面试过程是候选人的全力表现时刻，无论如何明晰面试评判原则、完善面试评价标准、科学选择面试方法，面试官因自身条件因素总会存在判断偏差，因此不应以面试结果定"终身"。候选人通过面试后，人力部门还会对候选人做背调。人力部门通过背调验证候选人的诚信度，降低招聘录用风险，还能进一步核实候选人在原就职单位的工作表现，侧面获取候选人隐瞒的真实信息。

面试官负责鉴别人才之真假、价值之大小，然后决定是否引进、以多少薪资引进。鉴别总有误差，意味着人才投入难免有浪费，因此可以设定试用期，通过面试甄选、试用考察两轮评估提高人才识别的准确率和降低长期使用的风险。

在所有的风险中，现金流风险、人才风险、供应链风险带来的挑战尤为严峻。其中，人才风险还会引发安全生产事故、核心技术泄密、经验技术流失、政策中断、管理失序等一系列次生灾害。人才风险包括人才供应严重不足、关键岗位人员普遍业务能力低下、人才与岗位严重不匹配、核心人才流失、人才内部流动停滞、人才资源闲置等。

由于外部人才引进、内部人才擢晋的面试把关环节存在诸多因素制约，健全的面试机制和优秀的面试官队伍只能降低录用及定岗定薪的决策风险，并不能完全消除组织成员的工作行为带来的不确定性风险。因此，组织必然会通过多种手段将人才风险降到较低的水平，减少不可控事件的发生。

试用考察，是组织对已确定录用的岗位候选人之文化适应性、各种能力的一次实战考验，相当于候选人只拿到了加盟组织的入场券和短期合同（1个月、2个月、3个月或6个月有效期）。试用既是为了复核当初对候选人面试评价意见的正确性（有时会根据新人试用期的业绩表现重新定岗定薪），也是为了发现新人价值观及业务现能、管理水平、综合潜力等方面的软肋并及时纠偏。

组织招聘新人，面试评估是第一道人才评估关，试用考察是第二道人才评估关，后续的机会考察、任命公示等则属于正式成员异动前的风控措施。新人试用一旦通过，意味着双方的合作进入正式合同期，组织在合同期内与其终止合作或做其他调降措施的难度陡增。试用考察可谓是组织关于非正式成员行为风险控制的最后一道关卡。

常见试用纠偏策略包括按照入职约定正常转正、提前转正、提前终止试用、调整岗位/薪资/分工，其中，调整岗位/薪资/分工包括晋级、晋升、加薪、转正、降职、降级、降薪、转正、改变分工范围等具体举措。试用期内位于关键岗位的新人若不能完成阶段性任务，包括不能输出业绩成果、不能主动解决问题，则无法消除组织的疑虑，试用期满前的述职一旦引发重大争议，能否转正就存在变数。试用转正同样适用于内部选拔人才，对于内选人才可采用代岗试用方式，代岗期间履职合格则结束代岗并正式任命职务。

用人部门应充分利用好新人的试用考察期，面向新人部署工作任务和给予牵头解决问题的机会。试用考察期是新入职关键岗位人才的绩效表现黄金时段。组织优先留用和重用非常人及常人中的业绩优秀或成长潜力大的新人，用人部门及人力部门在高级管理岗位、关键管理岗位人选的试用意见方面理应达成共识，试用期内毫不犹豫地直接淘汰业绩差劣或表现平庸的新人，并预先做好外部招聘或内部选拔补位、内部兼岗过渡的预案。对于内部选拔的试用人选，用人部门及人力部门一致认为不胜任新职或存在重大异议时，通常的做法是安排该人选返回原岗履职。

用人单位对新人试用期的考察评估需要明确触发什么条件可直接终止试用，以提高纠偏的效率。面试官在面试评估时已借助人才评估工具从价值观、业务现能、综合潜力等方面对候选人做了测评，试用考察新人时应依据阶段性任务完成情况及工作成果清单、成功解决问题案例的客观评估，基于事实、数据、证据来验证和纠偏面试录用意见。

笔者认为，试用新人时发生以下三种情况中的任何一项，即可视为试用不合格：

（1）始终给不了组织想要的结果，新人的工作任务完成率不及格。

（2）频繁成为组织的麻烦制造者，新人解决不了问题反而制造问题。

（3）遇到工作问题经常退缩，新人缺乏担当，不敢接受挑战，逃避决策责任。

能否提供结果是衡量一个人、一个团队合格与否的基本尺度。用人单位无论对新人有多大期许，也得基于结果认清一个人的实际贡献。组织不是赌徒，从不以一次行动定输赢，通常会鼓励组织成员在试错中快速成长。屡败屡战的精神固然可嘉，但也会令人心生疑惑，组织决策人转而将关注点聚焦在能持续提供组织想要结果的非常人、常人中的优潜分子身上。

各级组织决策人应高度警惕频繁制造麻烦的成员，不善于解决问题的人容易在堆积的问题中迷失方向，甚至制造一系列新问题让局面更加难以收拾。对于频繁制造麻烦的人，用人单位须在试用期痛下决心及时止损，一旦犹豫不决就会败于人情管理，从而错失解决麻烦制造者的良机。

看似聪明的人在组织中虽不制造新的问题但经常逃避问题、只汇报不决策、害怕承担责任，依然是被组织淘汰或边缘化的对象。遇到问题反复退缩的人比频繁制造麻烦的人的隐蔽性强，且不易被组织察觉，他们在享受薪酬待遇的同时不愿承受行动后果，属于典型的过程投机主义者。

用人单位在试用新人前主要依赖面试评估和背景调查了解一个人的过往绩效和其他表现，存在信息失真、误判风险，设置合理的试用期并在试用期布置必要的工作任务、交予亟待解决的问题，在此基础上的考察评估才能有效。对于低职等岗位，原则上无须设置太长的试用期——1~3个月足矣；而对于关键岗位尤其是关键管理岗和关键业务及经营岗，必须设置足够长的试用周期——3~6个月，只要不违背工作所在地的相关法律法规即可。

除了技术人才和不容易量化评估产出的岗位人才，组织给予价值观契合、业务现能优秀和综合潜力优良的候选人入职机会后，自然要求候选人在一定时限内以高于资本投入的产出作为对组织的回报。在关键岗位新人试用转正方面，用人部门及人力部门对不能提供结果、不能解决问题的人默许转正就是对组织的直接伤害，任由人才风险发酵产生实质性损伤。一般专业职能岗位新人在试用期不仅不能解决问题，反而制造问题，给业务制造诸多障碍，或遇到棘手问题立即推诿逃避，转正的意义何在？无论一个人的能力有多大，如果没有转化为行动、行动没有产出结果、结果以负面影响居多，那么用人部门或人力部门否决转正提议就是恰当和必要的。试用纠偏的重要意义，也在于此。

在组织的惯性运转中，试用考察有可能流于形式，当用人部门负责人做出同意新人转正的决定时，业务指导部门、人力部门的评审成员选择沉默或过于委婉地提醒风险，即使新人带着问题和重大风险转正，评审成员也不担心引火烧身，毕竟主要由用人部门负责人承担决策的后果。用人部门、业务指导部门、人力部门在新人试用期考察评估其价值观、业务现能、综合潜力，评估新人的结果输出效率及质量，相关部门在争论中努力达成共识，包括商定正常转正还是提前转正、提前终止试用还是继续考察、升职还是降职转正、有无必要调整分工，让新人感受到组织的考察评审态度及力度。用人单位在新人试用期解决争议和及时消除风险，自然胜过在新人转正后再讨论分歧、排查风险隐患和实施补救举措。

第七节 关于面试甄别思想的验证探索和应用价值评估

面试困惑来自于笔者自身的工作阅历和调研数据，笔者试图在实证研究的基础上找到症结所在并提出解决方案。限于篇幅及写作习惯，笔者并未逐一列举案例和大量统计数据，而是直接罗列困惑并探索理论，基于理论假设和方法论框架提出了解决方案。

丢掉情感与形象思维甄别人选，终审面试官应当拥有决策勇气和决策智慧，拒绝在录用决策和试用评估关键环节一味妥协。基于价值观、业务现能、综合潜力三要素的人才甄别不是全能理论，但确实在诸多方面行之有效，其不仅适用于面试甄别，也适用于生活中的重大决策。自由恋爱受情感、印象及生理因素驱使，但结婚往往出于理性考量，天使投资、选择生意伙伴、商务交际莫不如此。

新人应聘部门岗位，用人部门负责人或部门管理骨干须深入面试，频频委托他人面试会使第一道人才评估关形同虚设。人力部门须认真履行发掘人才之职责，先判断和确认哪些岗位是组织内关键岗位，并筛选组建一支优秀的面试官队伍，鼓励其在关键岗位人选的面试甄别、试用考察过程中花费足够的时间精力，这样远比盯着常规工作更有意义。

人们无须高估管理能力对管理岗位的价值，更不必低估业务技能对管理岗位的价值，现能与潜能并重，同时应侧重候选人的业务现能而非管理水平。行业头部企业、三甲医院、"双一流"高校，各级管理人员的整体管理水平非常突出吗？卓有成效的企业家、优秀的职业经理人的核心贡献是什么？对此我们应该认真思考。基于知识学习、实践教训和调研数据，笔者提出"多数岗位业务技能远比管理能力重要""成熟状态的优秀人才抵不过成长状态的高潜人才"等思想，并明确了面试的三个基本原则——中基层管理干部必须是业务专家；关键岗位招聘，积极寻觅非常人、大胆录用高潜人才；关注人才的价值观契合度和抗压耐受性性。笔者在提出面试甄别人才的三个维度16个具体要素后进一步提出甄别定级测量标尺及定岗定薪策略，这只是一种探索性应用技术尝试，既然是尝试，那么面试甄别思想的有效性就有待进一步验证。

　　用人单位单靠优化面试方法并不能从根本上消除面试困惑，梳理并确立面试甄别思想及应用策略才是正确的方向。任何用人单位的最高决策人都会担心一种情形的发生，即组织成员从上到下安于现状和墨守成规，他们不在乎能否解决问题，但会厌恶挑战现状的人，他们为了掩饰能力缺陷、维护既得利益，会披着合法合规的外衣采取隐蔽手段不断地剔除和边缘化执着于提出尖锐问题和提议改革的异类，让组织处于一种表面平静融洽实际暗流汹涌的风险状态。

名词解释：

光环效应：又称为晕轮效应，人们受到对某人某物的局部突出印象的影响，进而扩展到整体印象，表现出情感偏好、以偏概全的主观认知倾向。

现能：一个人或团队所呈现出的在某一方面/领域的现实能力，如管理现能、业务现能。

潜能：即潜力，一个人或团队所拥有的在某一方面/领域的潜在能力，如管理潜能、业务潜能。

价值观：一个人对他人、事件等有关是非、对错的认知判断，体现了人的思想倾向；或一个组织对组织成员行为、外部事件等有关提倡与反对态度的原则性共识，反映了组织的文化基因。价值观的形成建立在家庭熏陶、教育引导、家族/民族/国家等集体文化背景、社会环境、个人思考的基础上，代表了人们（个体及群体）对行为边界的划定，带有鲜明的倾向性。

DISC 性格测试：用于区分受测者支配性（D）、影响性（I）、稳定性（S）、服从性（C）个性特质的性格测试。

MBTI 性格测试：将人格划分为内倾或外倾、感觉或直觉、思考或情感、判断或感知类型的人格标准测量。

Ninehouse 人格测试：将人分为完美主义者、施助者（给予者）、实干者、悲情浪漫者、观察者、怀疑论者、享乐主义者、领导者、调停者九种类型的人格测试方法。

客观心理测验：根据心理学理论对人们心理活动、人格等进行探知的测量方法，观测人运用规则和量化分析手段给出测评结果分值或其他表现类型与程度的测评结果数值。建立相对稳固的测评模型、客观量表，是客观心理测验区别于投射测验的基本特征。

投射测验：通过刺激物引发受测者心理反应，用于探测人们心理活动的测量方法，如主题统觉投射测验、罗夏墨迹投射测验等。

关键岗位人才：支撑组织战略目标、承担组织生存发展功能、带领组织实现经济效益和其他综合效益的岗位人才，包括承担组织绩效责任的业务岗位、经营岗位、中高阶管理岗位、核心技术岗位人才。

公共事业单位：由财政拨款或补贴、承担社会服务责任、带有社会公益性质的组织，如公立医院、公立学校、国家科研所、市政文化场馆等。

情商：一个人对自己和他人情感的感知、理解和应对能力。情商高的人敏于洞察人性和换位思考，愿意维护人际关系。

智商：个人智力测验成绩和同年龄被试成绩相比的指数，反映一个人客观世界认知、分析解决问题、发现创造方面的智力水平。

理性思维：指脱离具象和情感的抽象思考，建立在事实、概念和数据基础上的推理。

情感思维：指对客观世界和内心世界的情绪感受、感性认知，建立在情感体验基础上的情绪反应。

形象思维：指对直观形象、具体形象的认知反应，形象思维活动来源于人们对生活的观察、接触和丰富体验且能自由塑造。

职员岗位：与操作岗相对，纳入组织职级管理体系。业务及经营岗、一般专业岗、特定技术岗、管理岗均可视为职员岗。

职层：根据岗位责任、职务影响力、薪酬结构、汇报链条等大致区分的职位层级，操作层、基层、中层、高层，执行层、管理层、决策层（领导层）是常见的职层划分方式。

序列：将工作性质相同、工作内容相关的岗位归并为一列，即职位序列。业务序列、技术序列、管理序列是常见的序列划分方式。

职级：在职位序列基础上根据工作内容深度、能力要求、工作挑战性、工作责任、资历划分的梯次等级。

职等：根据岗位责任、职务影响力、薪酬结构、汇报链条等细致区分的职务等级，能够跨序列比较职务的等级。

高级管理岗位：属于高层或决策层的组织核心岗位，承担的岗位责任大、职务影响力广泛、薪酬待遇高、汇报链条处于顶端位置，基本脱离了具体事务和专项业务技能范畴。上市公司的高级管理岗位包括公司经理、副经理、财务负责人、董事会秘书等。公立医院、学校的组织性质与众多民营企业不同，站在全国视角和地方视角来看，一家医院的院长与一所学校的校长的职务层级完全不同，难以界定。

中基层管理岗位：属于中层、基层管理层面的组织重要岗位，中基层管理人才是组织的中坚力量。承担一定的岗位责任、有一定职务授权、汇报链条处于中间和中间偏下位置，仍需承担大量的具体事务和需要掌握专项业务技能。组织机构中的二三级部门负责人、小团队负责人等，承担部分管理责任的岗位，均可归为中基层管理岗。

业务及经营岗位：完成财务指标、为组织创造经济效益的组织核心岗位，直接保障组织的生存与发展。部分业务及经营岗与管理岗位有交叉重叠，但偏向业务能力或经营能力而非管理能力，岗位的核心贡献是业务收入或经营收益贡献而非管理效益。

特定技术岗位：具有较高技术含量的组织重要岗位，该岗位人才掌握的技术属于组织生产经营、战略发展所需的主要技术或不可或缺的配套技术，属于自然科学领域范畴。自然科学理论研究、产品设计、技术研发、产品制造、产品测试等均可归为特定技术岗。

一般专业职能岗位：能够跨产业、跨行业应用的通用专业工种，有一定的技术含量，但总体上属于社会科学领域范畴。规划、人力、采购、财政、法务、品牌、质检、审计、监察、内控、政策研究、城市管理、交通管理、宣传、统计等岗位具有普通专业属性，均可归为一般专业职能岗，也可统称为综合管理岗。

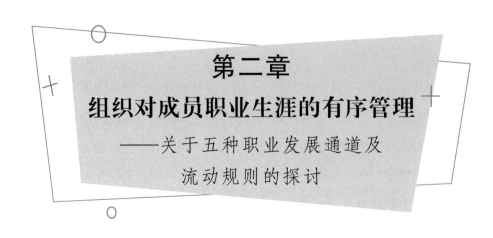

第二章
组织对成员职业生涯的有序管理
——关于五种职业发展通道及流动规则的探讨

人类社会活动包括个体自由活动、群众自发活动、松散性组织活动以及严密的组织活动。其中，严密的组织活动对于国家和地方经济发展、自然环境、文化艺术活动有着重大影响。人类个体可以同时在多个组织中扮演不同角色，但在某个特定阶段总会侧重于某一个角色。当组织处于相对稳定或快速发展期且成员个体已经脱离单纯谋生阶段时，组织成员便会产生个人发展的需求。随着经济发展和社会文明进步，生涯理论应运而生，关于职业生涯的论述是生涯理论的核心部分。笔者在前人理论基础上探讨有关职业发展通道的类型及组织内部成员流动规则，试图从组织发展视角推动组织主动介入成员职业生涯并实施有序管理。

第一节　职业生涯理论简述

一、生涯理论背景

20 世纪初至 20 世纪 90 年代，西方心理学家、教育学家、社会学家、经济学家陆续提出各种生涯理论，诸如"职业—人"匹配说、生涯发展三阶段/五阶段/九阶段理论、职业性向理论、生涯彩虹图、职业锚、职业生涯的主动建构说等。被誉为"职业指导之父"的美国波士顿大学教授帕森斯（Frank Parsons）在 1909 年前后提出了"职业—人"匹配理论，著有《选择职业》。美国职业指导专家金兹伯格（Eli Ginzberg）于 20 世纪 50 年代提出生涯发展三阶段论，认为人们的生涯会经历"幻想、尝试、现实"三个主要阶段。美国大学教授、心理学家舒伯（Donald · E. Super）则认为，生涯发展分为五个阶段，还为世人勾勒呈现了生涯彩虹图。美国心理学家和职业指导专家施恩（Edgar · H. Schein）将生涯细分为九个阶段，并提出职业锚概念、职业变动模式理论。美国大学心理学教授霍兰德（Donald Holland）于 20 世纪 50~60 年代提出职业性向理论，即人格类型假说。美国大学教授、职业指导顾问萨维科斯（Mark L. Savickas）于 21 世纪初提出了生涯建构理论。除了以上所提及的生涯学说外，依然有其他生涯相关理论未能一一描述。

以上生涯理论大致可分为职业选择理论、职业发展理论、其他理论流派。"职业—人"匹配、职业性向属于职业选择类理论，而生涯的三阶段/五阶段/九阶段论则属于职业发展理论。

从谋生需求到个人发展诉求，都有赖于社会经济的支撑，当人们拥有自主择业权时，职业生涯理论就有了用武之地。

二、代表性生涯理论

"他山之石，可以攻玉。"笔者在本章简要介绍职业选择、职业发展类代表性学说，以及其他若干生涯理论。

（一）"职业—人"匹配理论

"职业—人"匹配理论又被称为特质因素理论，由帕森斯在1909年《选择职业》（遗著）一书中正式提出。该理论核心观点是一个人选择职业时需要人职匹配，将价值观、个人爱好、能力、资源条件与工作性质、要求、薪酬、职业前景等进行匹配性权衡。

特质因素概念的特质指个人的人格特征，包含价值观、个人兴趣、能力擅长等；因素指完成工作所需的环境、资格条件、薪酬要素等。一个人只有足够了解自己的特质、分析透彻职业因素，然后综合权衡利弊后才能做出适合自身的较佳职业选择，并容易在特定职业领域获得成功。

帕森斯的特质因素理论在人们选择职业的实践中具备很强的现实指导意义，对于组织招聘面试和内部选拔人才也同样具有一定的价值。

（二）职业性向理论

职业性向理论又被称为人格类型理论，可归为"类型学"理论，讲述了人格与职业的分类及之间的关系。

霍兰德对职业性向理论做了基本阐述，职业性向指个性带来的职业偏好（与职业方向有关的个性特征与人格倾向）。动机、价值观和需要等是驱使一个人选择某种职业的重要因素，在此基础上发现并归纳出"现实、研究、艺术、社会、企业（开拓）、常规（传统）"六种职业性向，主张人格类型与职业类型相匹配，从而提高从业兴趣。

人职匹配偏向于以静态的视角看待人与职业的匹配性，选择职业时立足于"知己知彼"的现实。人格类型理论则偏向于以动态的视角分析人与职业的匹配性，主张选择职业时从兴趣偏好和未来发挥空间出发。霍兰德提出职业性向理论后，经过诸多学者的不断丰富发展，各种模型和测量工具应运而生并获得广泛应用。

（三）职业锚理论

通过长时间的实验研究，美国职业指导专家施恩提出了职业锚的概念。职业锚又名职业系留点，通俗地讲，就是人们必须做出选择时决不肯放弃的内容（动机或价值观）。人们在职业选择中不愿放弃的，也正是对个人职业归宿的坚守。

职业锚包括专业职能、复合管理、独立自主、安全稳定、创业冒险、服务利他、变化挑战、生活平衡八种基本类型。专业职能类群体偏求专业深耕，聚焦某一特定专业领域发展；复合管理类群体偏好整合资源、统筹管理，追求管理晋升；独立自主类群体主张自我发挥，追求个人自由发挥空间；安全稳定类群体侧重于财务安全和工作平稳，致力于在同一个工作平台长期稳定、低风险地投入工作；创业冒险类群体发现机会后愿意冒险并从中获得风险收益；服务利他类群体的社会群体意识更强，从利他行为中获得愉悦感；变化挑战类群体讨厌重复不变的工作内容，崇尚变化和攻克难关；生活平衡类群体认为工作只是人生的一部分，工作与生活的平衡才是他们所看重的。一个人职业锚的形成，需要实践阅历的沉淀，动机、性格、价值观、未来设想、现实环境、能力边界等因素共同催生了职业锚。

（四）职业变动模式

除了职业锚，施恩还提出了职业变动模式理论。职业变动指成员在组织内部的异动，包括横向流动、纵向流动、从外围向核心位置流动三种模式。成员个体在组织内部的异动从侧面反映出了个人的职业发展趋势。

一般情况下，平级同职调动都属于横向流动，意味着组织地位未变。为了重点考察培养人选，组织采取横向流动方式丰富组织成员的阅历也是必要的。向上晋级晋升、向下降级降职均属于典型的纵向流动模式，级别和职务的改变，表明了组织对成员个体的职业发展态度（包括全面肯定、部分肯定、全面否定、部分否定）。当组织内部晋升名额有限时，部分成员转向专业晋级发展，从而实现纵向向上流动。还有一种流动方式看似"平调"，但又让当事人和其他组织成员感受到其被重用或捕捉到即将被重用的信号。这种流动是从外围部门岗位流向核心部门岗位，即从组织外围流向组织中心，重要信息获取面增大、履职责任加大。

（五）生涯建构理论

生涯建构理论由美国大学教授萨维科斯于 2002 年提出，建立在舒伯的生涯发展理论基础上，认为个体可以通过自我建构和社会建构确立职业生涯，生涯的意义由个体主观建构赋予。萨维科斯整合多种生涯理论，归结出职业人格的个体差异、生涯适应性、生涯故事主题三个主要观点。职业人格的个体差异包含了职业兴趣、能力、价值观、需求等，生涯适应性指在变动环境下的策略应变，生涯故事主题蕴含了对于自我生命故事从微观叙事到宏观思想的阐述。

个人生涯发展处于变动的社会环境中，稳定的、计划性的职业追求经常被产业及行业经济结构变化、组织形态变动所打乱，因此人们必须调整节奏来适应不确定性环境并从中捕获发展机会。人们通过自我建构赋予生涯意义，在社会环境变化过程中动态适应生涯发展，不断增强人对环境的适应性，主动干预和克服生涯阶段的挑战，持续丰富生涯内涵。

（六）生涯阶段理论

1. 生涯发展三阶段

美国学者金兹伯格提出了职业生涯发展的三阶段论，认为人的一生需要经历幻想期、尝试期（实验）、现实期（实现）。幻想期时间相对较短，儿童完全出于个人兴趣和美好想象幻想未来职业，缺乏对现实条件因素的考虑；儿童成长为少年的阶段也是尝试探索和自我调适的过程，个体意识觉醒、价值观逐渐清晰，且获取大量知识信息，对现实有了一定的客观认知，对未来有了初步期许和从事职业的设想；成年以后的人们在社会中摸爬滚打逐步确定自己的职业角色，包括意向地域、行业、工种在内的职业定位更加具体。从幻想到尝试再到现实，一个人的职业生涯经历了漫长的成长和试错过程。

2. 生涯发展五阶段

职业生涯指导专家舒伯将生涯定义为"人生职业与角色的统称，所谓个人渐进发展历程"，他把职业生涯发展归结为成长、探索、确定（建立）、维持、衰退五个阶段，其中，确定和维持阶段占据了职业人的大半个生命周期。20~60岁的确定和维持阶段与金兹伯格所提出的现实期阶段概念异曲同工。以人类个体平均寿命80岁为假定前提，20~50岁属于个人的职业黄金期，这一阶段人的精力旺盛，挑战欲、创造力处于巅峰状态，到了50岁以后逐渐走下坡路。当然，仅依据年龄段区分生涯阶段有所不妥，需结合个体自身条件考虑，同时人们生涯的某个特定时期也会存在五个阶段微循环情形。

3. 生涯发展九阶段

美国学者施恩提出包括成长/幻想/探索、进入工作世界、基础培训、早期职业的正式成员资格、职业中期、职业中期危险阶段、职业后期、衰退和离职、离开组织或退休在内的九阶段理论。施恩的九阶段理论更像生涯三阶段、五阶段论的具体化表述，不同阶段论之间存有内在联系和重叠内容，但都不离开以年龄为主要衡量标尺的生涯历程时间轴。施恩同样认为年龄只是划分的参照,不同的职业周期并无明确的界限。生涯发展的所有理论学说并非建立在精确思维基础上,允许某些阶段认定边界的变通和交叉出现。

4. 生涯彩虹图

舒伯不仅提出了生涯发展五阶段论,还为世人绘制了生涯彩虹图,人在社会中会扮演子女、夫妻、父母、学生、公民、劳动者等多重角色,人的精力和角色分配会直接影响到个人的发展偏向。从发展历程时间轴和生活广度空间视角出发,舒伯绘制了角色多样性、色彩斑斓的生涯彩虹图。

人们在不同时间段所扮演的角色侧重点有所不同,当侧重于其中一两个角色时势必会影响其他角色的有效发挥,不得不做出相应牺牲。生涯发展受制于动机、价值观、能力素质、自身身体条件和现实环境多重因素的影响,理论上一个人针对某种角色持续地增加投入自然能够强化该角色的价值。

第二节 关于职业生涯理论的思索与推论

一、立足于特质因素、职业性向、职业锚的扬长理论

特质因素理论强调了个体的人格特质与职业因素之间的联系,偏重人与岗位的适配性。人格类型理论则提出了人格类型与职业类型的联系,鼓励个体围绕人格倾向选择职业类型。职业锚概念指出了人们在职业择舍过程中所坚守的底线。这三种理论围绕职业选择进行阐述(其中,职业锚又涉及了职业决策),前两者指出了人与职业的内在联系,这种联系包括人们的不同选

择所带来的情绪特征、工作效率、成功概率、付出回报、发展空间等，而后者阐明了所坚守的择业底线，择业底线包括个人的职业发展方向和职业角色定位基本诉求。

笔者由此进行深入思索，既然人和职业的契合性如此重要，那么研究人的擅长比盯着人的短板更有价值。自我发现或发现他人的天赋、偏好，快速匹配合适的行业、工种，大幅降低探索尝试的试错成本，是个人自我开发及组织人才发展的重要使命。思想成熟的职业人都有公开或隐藏的职业锚，他人或组织不必通过外力强行扭转一个人的发展方向，而是尊重其做出坚守的选择，或鼓励其重新调整择业底线。尊重并引导个人抉择，发现并积极鼓励每个组织成员发挥个人天性所擅，即"扬长"才是组织选人用人的第一要务。

静态地设计和贯彻任职资格体系，削足适履般被动地寻找与岗位完全匹配的人才，组织既难以招聘到完全符合条件的人才，也很难充分发挥人才的价值。岗位任职资格体系及人才素质胜任模型设计者总是基于理想化和均衡维度考虑，实难寻觅满意的匹配人选。人们不能完全遵循个人偏好选择职业，因为每个组织的编制有限、阶段工作重心不同，很难满足人们的个性化需求。**组织决策者及组织发展团队只有站在组织视角评测成员的天赋方向、现实能力长短板，并在组织的框架内引导成员职业发展，对于优秀和高潜人才更需量身设计职业发展规划并敢于打破职能职责边界，才能将组织成员尤其优潜群体的先天优势发挥到极致。**对于组织而言，巧用人的天赋能为组织带来高性价比的贡献；对于个人而言，巧用天赋更易发展成才、成就人生。人之特质（特质因素论）、兴趣（职业性向）与现实（职业锚）的长期较量此消彼长，共同影响职业选择与职业决策。公益性组织、党派团体、执政机构、公共事业单位、经营性企业都离不开人的参与，每个组织应把组成成员的天然优势用到极致，同时又能通过人才搭配补其短板以让每个努力成长的成员获得各自的职业发展空间。组织若发现某个成员的短板已成为组织生存发展的阻碍，则应容短用长、限制使用（不必强行擢晋）。

常识中的扬长避短，扬长才是核心。天赋异禀的人，其短板往往也是令人难以释怀的。如果一个人能为人类社会、为组织带来巨大贡献，并未严重违反组织纪律，仅存在个人道德瑕疵，此种情况下如何处理就考验组织决策者的智慧了。无论如何处理，用人单位决不能轻易将之交予道德卫士处理。如果一个人每次都能在危急时刻挺身而出化解危机，即使其与人不和、难以驾驭也不应简单粗暴地将其从组织中剔除。扬长的前提是辨识人才的特质及成功案例。组织发现一个人的先天优势并将之发掘，给予合适的职业机会（行业+工种+职位）从而让其蓬勃发展。组织还需要分析判断优潜成员的职业锚是什么，不轻易触碰底线，或者主动引导个体改变职业锚从而产生行为嬗变，朝着组织预期的方向成长。

个人的天赋擅长与兴趣爱好不一定相同，其与后天努力建立的优势有着本质区别，巧用天赋擅长更易成才。一个人的职业发展定位通常会经历性格、意愿和兴趣、现实需要的多重考量，人在年轻时性格特质、意愿和兴趣支配职业决策与选择行为，当年龄渐长则容易受制于性格和妥协于现实需要。人们脱离生存危机后，本能动机和职业兴趣在其职业发展中处于首要支配位置，职业所带来的物质利益处于第二支配位置，除非利益丰厚、足够诱人。外在因素方面，人的择业首先受制于成长环境，其次受制于教育背景。个人兴趣爱好与赖以谋生的职业之间通常会有差异，绝大多数人会放弃（或淡化）前者而保住后者。

二、关于职业变动模式理论的解读

组织内横向、纵向、由外向内流动方式共同构成了施恩职业变动模式理论的基本内容。横向流动通常是平行流动，自然也存在隐蔽意图的平调安排。纵向流动是一种明确表达组织意见的职业变动方式，晋级晋升、降级降职代表了组织对成员在某个阶段的肯定、否定或安抚态度。同一名组织成员由外向内的流动，意味着职业生涯的进一步发展。

从表面上看，职业变动只有三种流动模式，实操中会出现职务职级平调、借调、职务升调、职务降调、职级晋级、职级降级、兼任等具体的调动形式。职务职级变动的具体形式虽然丰富多样，但总体上可归纳为平调、升调、降调三大类。

平调可细分为横向平调、实权平调、外移平调。横向平调为一般性无特殊安排的平行调动，实权平调通常是由外围岗位向核心岗位调动，外移平调则与实权平调相反。

升调分为晋升调动、晋级调动。晋升、晋级调动反映了组织对成员的肯定态度，以升职或提高一级待遇为主要表现形式。

降调包括降职调动、降级调动、降职降级调动。降职调动通常职级待遇不变，向下一级岗位"贬黜性"调动，特殊情况下免去所有职务降为普通职员；降级调动直接影响的是个人薪酬和福利待遇；降职降级调动意味着职务职级共变，向下一级岗位和职级调整。

三、关于生涯阶段论的解读与延伸

金兹伯格提出的生涯发展三阶段论（幻想—>尝试—>现实）、舒伯提出的五阶段论（成长—>探索—>确定—>维持—>衰退）、施恩提出九阶段论（成长/幻想/探索—>进入工作世界—>基础培训—>早期职业的正式成员资格—>职业中期—>职业中期危险阶段—>职业后期—>衰退和离职—>离开组织或退休），均以年龄为时间线分段，阶段概念有重叠部分，最初发心于内心世界，最终的归宿都离不开现实。

充分结合生涯阶段的不同假设，笔者认为，职业生涯阶段的划分可以更加简约直白，以舒伯五阶段论为基础，职业生涯分为准备期、探索期、确定期、退休期四个阶段，准备期、确定期是不可绕过的生涯阶段，探索期、退休期为弹性的非必需阶段，因人而异。其中，探索期、确定期借用了舒伯的生涯阶段论提法，退休期借用了施恩的生涯九阶段论提法。人们在准备期以学习知识技能为重任，储备职业所需的知识结构和必要技能，学习付出是准备期的主要特征。多数年轻人在准备期结束后会进入探索期，在多次的谋职择业实践中不断寻找合适的行业、工种、岗位，实践过程必然产生试错的代价，人们最终步入确定期。少数人有可能从准备期直达确定期，直接跳过反复试错的探索环节。人们在确定期结束后即步入退休期，退休期可以接受用人单位返聘再次进入确定期。从理论上来说，每个人都有权选择自己的退休期，事实上不同生活背景的人选择权有所不同。四阶段的分法摆脱了对年龄时间线的限制，人们可以在不同年龄实现四阶段的循环。

四、组织应主动管理优秀与高潜人才的职业生涯

人们在学习储备阶段通常扮演职业预备人角色，一旦走上工作岗位，就增加了职业人身份。职业人的生涯管理可以是主动选择，也可以是被动安排，还可以是二者结合。人们在管理职业生涯过程中会涉及工作平台（工作单位）、行业、工种的选择，面临取舍。工作平台、行业、工种任何一种都可以成为一名劳动者的职业系留点。长期就业于同一工作平台，反映了此类人群追求安全稳定的诉求或复合管理、合伙创立事业的渴望。一个人长期从事某一种行业，可能与独立自主、安全稳定、生活平衡等某种因素有关。始终坚持某一工种岗位的人员一般拥有专业职能、复合管理、服务利他等方面的

清晰职业角色定位。如果工作平台、行业、工种均非一个人的核心关注要素，那么创业冒险、变化挑战就有可能是其职业系留点。

第一种，确定工作平台，计划工作至退休。这类人会确定大的工作平台，并做好了长期在同一平台上履职的心理准备，不会轻易跳槽。即使有异动，也会优先选择在组织内部流动。对于企业从业人员，有些优秀者能够有机会转换身份角色获得原始股份股票、拿到期权激励，在同一家上市公司、未上市的集团公司走完职场确定期。

第二种，确定行业，计划从事某种行业至退休。人们所从事的工作与行业的特定属性越密切，从事的时间越长，自然会被贴上特定行业职业人标签。多数劳动者长期工作在某一行业，其经验技能已经定型，在行业分工协作细分的趋势下每个人的技能更加狭窄化。

第三种，确定工种，计划从事某个工种至退休。不太关注行业变化趋势但特别关心工作内容——这种是典型的第三种定位的职业人。权衡选择并最终确定毕生从事工种的人不在少数。无论是技术工匠还是特定领域专家，都是确定工种的长期实践者。

确定工作平台、确定行业、确定工种，只要将其中任何一个要素视为无论如何都不能放弃的择业底线，那么该要素就成了特定人群的职业锚。组织发展负责人有责任充分了解组织中骨干成员的职业系留点，因势利导做好成员的职业发展规划。对于确定工作平台的优秀和高潜成员，组织决策人鼓励其在同一工作平台上充分发挥，成长为组织的中流砥柱。确定工种的人们在跨行、跨工作单位方面是有宽容度的，组织根据业务需求可将之派驻到不同系统、不同部门任职，只要确保工作内容与其所坚守的工种密切相关即可。确定工作平台而不接受变换工种和岗位的组织成员，其职业发展空间必然受限。确定行业的人不接受变换工种、岗位，那么必须在某个特定工种和岗位上足够努力、完全胜任工作以抵御不确定性风险。人们在职业选择和决策时就应预判自己所从事的行业、工种、岗位发展趋势。

人们的工作时间占据一个人生命周期的大部分时段，职业发展显得尤为重要。每个具有活力的组织都会有关键的少数人做出主体贡献，组织应主动管理优秀与高潜人才的职业生涯周期，尤其是抓住和用好此类人才施展才华的黄金时段。结合职业锚和职业生涯阶段理论，以及平台、行业、工种系留点假设，组织决策人和组织发展负责人需要商讨确立组织对成员职业生涯进行主动介入、有序管理的核心思想，做好人才的内部流动，合理控制人才的引进和流出。组织通过对人才资源的优化配置大幅提高优质人才资源的留用比例和利用率，推动组织与优潜成员个体实现双赢，依靠团队的力量将组织打造成一个人尽其才的事业平台。

若要主动管理人才流动情况，组织发展负责人需要为组织成员设计科学合理的职业发展通道。劳动密集、知识密集、资本密集等不同属性特征的组织，其人才结构虽各有不同，但不外乎经营/业务、通用专业、特定技术、管理复合、咨询顾问五种职业发展通道。经营/业务概念包含投资、营销、市场、招商、运营、销售、售后服务、客户关系等维系组织生存所需的职能。通用专业概念偏共享职能，包括战略、财务、融资、人力、宣传、行政、法务、供应链、工程、品质、安全生产、计划、审计、监察、统计、外联等广泛的专业职能。特定技术概念主要指组织业务发展所需的核心技术及不可或缺的配套技术，涵盖产品设计、技术研发、产品开发、产品测试、产品实施、生产制造、技术运维、技术服务等职能。管理复合概念糅合了一定的经营/业务、通用专业、特定技术职能，但以管理为主，管理复合型人才粗通经营/业务、通用专业、特定技术中的全部或一两种，精通管理。咨询顾问职能常由组织外部机构或外部人才承接，诸如调研机构和调研员、咨询公司和咨询师、大学机构和大学教授等作为组织参谋职能、专业职能的补位。除了各类属性组织普遍所需的经营/业务通道外，劳动密集型组织的成员职业发展主要走通用专业、管理复合两个通道，而知识密集型组织主要走特定技术通道。缺失了经营/业务通道的组织，可能是国家财政支持的政府机构、研究所、公共事业单位，也可能是公益团体或宗教机构。事实上即使为政府机构仍需要投资、税收、招商等业务要素维系财政收入，公共事业单位同样设置有面向个人和单位的收费窗口以增加自身良性运转能力。一个组织有了明确的职业发展通道，还需要让组织成员在通道中有序流动起来，并实现跨通道的转换发展。人才的内部流动、外部引进和向外流出须建立在流动规则基础上，组织发展负责人和组织发展专家学者主动设计人才流动规则并使之合理运行势在必行。流动规则囊括了组织成员职业发展的升调、降调触发条件，人才流向、流速与流量，规则应鼓励优秀人才和高潜人才向上流动、向核心岗位流动，迫使绩差绩劣成员向下流动、向外围岗位流动甚至流出组织系统，并吸引更多的外部优潜才进入组织内部遵循流动规则发展，从而实现人才资源的优化配置。鉴于组织内部人才平调、升调、降调的需要，组织不得不平衡考虑并控制外部人才的引进比例及速度，因此设置引进规则是必要的。从根本上来说，组织还是要重点留住优潜成员。何谓优潜成员？是指能力出色并给组织带来高绩效的成员（即绩优人才），以及快速成长并不断给组织带来惊喜的高潜成员（即高潜人才）。组织应围绕优潜成员的职业管理做文章，优先关注并给予绩优、高潜人才群体发展机会，此乃组织成员职业生涯管理工作的核心部分。

五、综合职业生涯各种理论的思索及课题研究

一个组织中的资源包括政策、资金、人才、技术、物资、场地、时间等，其中，人才是核心资源之一。由绩优和高潜人才组成的优质人才资源对于经营增长、管理变革和难题解决有着显著影响，增加、保留并充分开发利用优质人才资源成为组织发展的重中之重。组织成员的职业生涯有序管理是增加、保留并充分开发利用优质人才资源的重要举措，它应成为组织发展过程中的一个重要研究课题，关于组织成员职业生涯有序管理的指导思想、结构与规则、系统建设、方法策略是该课题的主要研究内容。综合职业选择、职业发展、职业决策等相关职业生涯学说，笔者提出组织对成员职业发展生涯进行有序管理的核心思想：**全面放开职业发展通道，鼓励职能转业务，鼓励组织系统内部人与事、人与岗的优化匹配，鼓励内部提拔并缩短职业成长周期，坚持滚动储备人才，积极引进优潜人才充实队伍并动态平衡外聘内选比例，扬长容短使用人才。**组织对成员职业生涯进行有序管理的核心思想充分吸纳了前人理论学说，下文会做详细叙述。

第三节　五种职业发展通道及流动规则

一、关于职业生涯与职业发展通道的简释

职业生涯是人在生命周期中的连续或间断性的工作历程，包含了人的职业意愿、选择、决策以及所从事工作平台、行业、工种的变化，贯穿了职业准备、探索、确定、退休全阶段。职业生涯有主动选择的一面，也有被动适应的一面，多数人在探索期结束后迫于现实压力确定了某个工作平台或行业、工种。所以，职业生涯的自我管理也是一个人权衡利弊、逐渐妥协的过程。

组织对成员职业生涯的主动管理，反映了组织的意图和干涉行为。在组织的业务范围、结构框架和规则内，组织决策人和组织发展团队对组织成员进行因势利导以实现双赢局面是组织发展的目标之一。

关于职业发展通道，从组织层面具象解释，即组织为成员设置的内部流动通道，流动包括平调、升调、降调等。既然是通道，自然应该是畅通的，人才能够依据规则流入流出、向上向下和平行流动。鉴于工作性质、工种的差异及相近性，组织又会将岗位按某种分类方法进行职组、职系区分，如此有必要增加人才流动路径，避免人们在同一个路径中拥堵。至于设置职等、职级，是为对上下流动进行有序管理。

从个人视角看，职业发展通道为职业人的个人职业发展设想、目标、计划指明了方向。人们根据组织提供的职业发展路径做出选择和付诸行动，正合组织意图。组织成员对职级、职务的追求，同一工作平台调动机会的争取，竭力避免被降职降级……这一系列心理和行为体现了组织成员的内化、组织对成员职业生涯的介入和有序管理。

二、五种职业发展通道

经营/业务、通用专业、特定技术、管理复合、咨询顾问五种通道可以简称为业务通道、专业通道、技术通道、管理通道、顾问通道，前四种为政府机构、公共事业单位、企业、社会团体等各类组织常见的通道，只是通道命名有所不同。业务通道与营收、经济收益相关，专业通道与通用支持职能（成本支出）相关，技术通道与组织发展所需主要技术相关，管理通道与人财物事的统筹管理（尤其是团队管理）有关，组织规模越大，通道也越健全。

（一）业务通道

能为组织带来收入、经营效益的系列岗位人才可纳入业务通道，鉴于收入和经营效益的有无、多寡直接影响组织的正常运转，非全额拨款组织须投入必要的资源优先对业务通道流动中的人才进行升降级、升降职和流入流出的有序管理。针对诸如投资、营销、市场、招商、运营、销售、售后服务、客户关系等岗位人员，业务部门及经营单位通常根据团队周期性的指标达成率、评分分值、业绩排名变动来调整他们的职务和职级。

业务通道是所有经营性组织职业发展通道中必不可少的一个。对处于红海市场（产品成熟、市场饱和、竞争激烈的行业或细分市场）的企业而言，业务通道是最重要的职业发展通道。只要职层和职级人员不被固化，就能在一定程度上保障业务团队的活力和团队协作意识。经营性组织如果没有国家/地方财政拨款，也没有其他形式的外部补贴，那么只能自行解决生存问题。围绕业务和经营做人才管理是管理的主要工作内容之一，因此，业务通道结构与业务通道流动规则的设计、系统建设是组织对成员职业生涯进行有序管理的重中之重。

业务序列的职业发展通道大致分为四层职层、九级职级，具体如表2-1所示。

表2-1　业务序列的四层九级

职层	职级	职级界定说明	职级标签
助理	助理级	业务相关技能及经验均有限，须跟岗学习，亦可视为业务通道的不铨叙职层 常见岗位：助理、文员、跟单、见习生	跟岗学习
员	员级	有一定的业务相关技能和经验，业务入门级，基本可以独立开展业务，承担有限的业绩指标，但仍需要业务师傅和团队负责人的指导 常见岗位：市场专员、招商专员、运营专员、销售顾问	专员
	资深员级	有丰富的业务相关技能和经验，独立开展业务，承担业绩指标，或有一定的业务指导能力 常见岗位：资深市场专员、资深招商专员、资深运营专员、资深销售顾问	资深专员

续表

职层	职级	职级界定说明	职级标签
业务经理	业务经理三级	除了丰富的相关技能和经验，还初步具备了带领团队的能力，以团队负责人角色承担团队业绩指标并开展业务管理工作，仍需承担个人业绩指标，具备业务指导能力 常见岗位：业务小组负责人、业务团队主管	业务主管
	业务经理二级	个人业务技能和经验较为丰富，以团队负责人角色承担业绩指标并开展业务管理工作，仍需承担个人业绩指标，具备较强的业务指导能力 常见岗位：业务团队经理	业务经理
	业务经理一级	个人业务技能和经验出类拔萃，具备业务挑战能力，以团队负责人角色承担高难度业绩指标并开展业务管理工作，或以大客户经理角色独立承担个人业绩指标，具备卓越的业务指导能力 常见岗位：业务团队总监、业务组团负责人、大客户经理	业务总监 大客户经理
经营经理	经营经理三级	具备独立经营能力，能以职业经理人或合伙人、加盟商角色统筹一个最小经营单位（如网点/门店/项目/业务部），借助组织平台赋能基本实现独立经营、自负盈亏 常见岗位：网点负责人、门店负责人、项目负责人、业务部负责人	最小经营单位负责人 生意合伙人
	经营经理二级	具备全面经营能力，能以职业经理人或合伙人、加盟商角色统筹一个事业单位（事业部/子公司）或区域（片区/大区）、业务中心，借助组织平台赋能或仅借助品牌信誉与资质实现独立经营、自负盈亏 常见岗位：事业部负责人、分/子公司负责人、片区/大区负责人、业务中心负责人	大区负责人 事业发展合伙人
	经营经理一级	具备战略眼光和全面经营能力，能以事业伙伴身份统筹一个大型事业平台（业务板块/事业群），借助组织平台赋能实现独立经营、自负盈亏 常见岗位：业务板块负责人、集团公司负责人、事业群负责人	业务单元负责人 事业平台合伙人

　　四层九级的划分相当于将业务通道从上到下做了纵向四段的衔接，各段又做了标记用于分级，业务序列中的组织成员每攀升一个阶段就意味着组织

地位、个人收入的提升，但也不是绝对的。业务序列中的人才即使选择不提升职级，凭借业绩贡献依然能获得丰厚报酬。这种报酬与固定薪资无关，主要包含了提成、奖金等浮动奖励。总体而言，人在组织中所处的职层、职级影响到个人的固定薪资与福利，属于正相关关系。

人的性格特质、天赋擅长各有不同，组织不必强求每个业务人员及业务相关部门人员都发展到业务通道的顶层。以大客户经理为例，其善于拓展大客户资源和完成大额签单，属于组织的业务骨干，组织只需要将其放置在合适职层并给予恰当职级即可。匹配业务通道职层、职级的薪酬体系应该是宽带薪酬模式。

助理层无须再分级，基本上由大学应届毕业生、跨行跨工种转入业务序列的社会人士组成。员层和业务经理层的组织成员占据了业务通道人数的大部分。组织设置升降级规则主要是针对员层、业务经理层。组织成员发展到了经营经理职层后，比其他三个职层更需要能看懂财务报表、懂得打理生意。员层和业务经理人员需要向组织展现"投资收购、融资、营销回报、促销成交、市场渠道开拓、市场签约、招商加盟、回款清欠、销售成交、大客户签单、售后服务"等其中一种或多种能力，而经营经理人员需要向组织展现"投资回报、资金周转、经营收益、巩固客户关系、合同续约、经营良性循环、战略合作"等方面的能力素质，后者要求更加全面，经营者要承受来自股东、客户、供应商、上级下属、政府、协会工会等各方的压力。

经营经理层的胜任群体基本符合创业或守业者的特征。如果一个人的天赋擅长、性格等多方面皆不占优势，不必强行走上创业或守业的路子，即业务通道并非适用于所有财富欲望和行动努力并存的人。

关于四层九级的分法，包括职层、职级的称呼及界定、数量，笔者并不主张固化，而是建议根据组织的业务体量、管理结构等进行相应的弹性调整

（调增或调减），职层职级的称呼大同小异。

（二）专业通道

专业通道涵盖的岗位和细分职系广泛，常见的财务、人力、宣传、行政、法务、采购、工程、品质、审计、监察、外联、安全、企业文化等组织内部共享资源的相关职能皆可纳入通用专业序列，此类组织成员的职业发展以专业通道内流动为主，当然也允许和倡导变换路径转向业务等其他职业发展通道。

专业通道内的职员通过技能鉴定、职称评审、进修集训、人才盘点、重大立功等活动实现晋级（向上流动）。为了合理控制通道的流速与流量，组织发展部门会设定年度晋级比例与名额等作为晋级控制规则。从宽泛意义上说，技术通道亦应归属专业通道，只是鉴于组织业务发展所需的核心技术对组织的重要性远超其他通用专业职能，包括科学技术应用研究、产品设计、技术研发、产品开发、产品测试、产品实施、工艺制造等，所以在知识密集型组织单设技术通道是必要的。每个行业、产业都需要相应的行业、产业技术，组织不仅拥有行业标准技术，还可能掌握独家专利技术或保密性技术。各类组织持续引进、培养、留用、重用优秀的技术人才，鼓励他们致力于技术的改进或革新，并让他们从中受益（包括薪酬福利待遇、社会地位及荣誉等）。无论是宏观层面的国家、区域联盟还是微观层面的单一组织单位，均需重视科学技术的推动力量，避免核心技术人才外流削弱组织或行业、产业层面的竞争优势。

专业通道设置为四层职层、八级职级，具体如表2-2所示。

表2-2　专业序列的四层八级

职层	职级	职级界定说明	职级标签
助理	助理级	相关专业技能及经验均有限，亦可视为通用专业职能中的不铨叙职层，需要专业师傅带教 常见岗位：助理、文员、内勤、见习生	文员

续表

职层	职级	职级界定说明	职级标签
员	员级	有一定的专业相关技能和经验，通用专业职能入门级，基本可以独立开展工作，承担有限的工作任务，但仍需要专业师傅和团队负责人的指导 常见岗位：会计、出纳、人力专员、行政专员、法务专员、采购专员、品质专员、安全专员、企业文化专员	专员
	教员级	有丰富的专业相关技能和经验，独立开展工作，承担管理指标、常态工作内容及部分专项工作任务，有一定的专业指导能力 常见岗位：高级会计、高级人力专员、高级行政专员、高级法务专员、高级采购专员、高级品质专员、高级安全专员、高级企业文化专员	高级专员
师	导师四级	又称为初级导师。拥有丰富的专业相关技能和经验，承担管理指标、专项工作任务，初步具备业务导向、结果导向、解决问题导向意识，有较强的专业评估和专业指导能力 常见岗位：会计主管、人力资源主管、行政主管、法务主管、采购主管、品质主管、安全主管、企业文化主管、宣传主管、数据分析主管	初级导师
	导师三级	又称为中级导师。拥有丰富的专业相关技能和经验，某专业领域的顶梁柱，承担管理指标、专项工作任务，具备业务导向、结果导向、解决问题导向意识和掌握专业工作方法论，拥有较强的专业评估和专业指导能力，具备专业课授课素养，承接教学任务 常见岗位：战略规划师/战略经理、融资经理、会计师/税务师/财务经理、人力资源师/人力资源经理、行政经理、法务经理、采购工程师/采购经理、供应链管理师/供应链经理、品质经理、安全经理、企业文化经理、宣传经理、计划经理、审计师/审计经理、监察师/监察经理、数据分析师/数据分析经理、统计师/统计经理、外联经理	中级导师
	导师二级	又称为高级导师。拥有丰富的专业相关技能和经验，某专业领域的顶梁柱，不仅承担管理指标、专项工作任务，还参与研究课题，具有业务导向、结果导向、解决问题导向意识和方法论，有解决专业领域疑难杂症的成功案例，拥有较强的专业评估和专业指导能力，具备专业课授课素养，承接教学任务 常见岗位：高级战略规划师/高级战略经理、高级融资经理、高级财务经理、高级人力资源经理、高级行政经理、高级法务经理、高级采购经理、高级供应链经理、高级品质经理、高级安全经理、高级审计经理、高级监察经理、高级数据分析经理、高级统计经理	高级导师

续表

职层	职级	职级界定说明	职级标签
师	导师一级	又称为资深导师。拥有丰富的专业相关及扩展性技能和经验，某专业领域的顶梁柱，在专业领域曾刊发论文或出版专著，输出一定的专业成果。承担管理指标、专项工作任务，带队选题或承接研究课题，具有敏锐的业务导向、结果导向、解决问题导向意识和掌握丰富的方法论，有诸多解决专业领域疑难杂症的成功案例，拥有较强的专业评估和专业指导能力，具备专业课授课素养，承接教学任务 常见岗位：战略总监、融资总监、财务总监、人力资源总监、行政总监、法务总监、采购总监、供应链总监、品质总监、安全总监、总审计师、总监察师、外联总监	资深导师
专家	专家级	偏重于某个或多个相关专业领域的研究与指导、设计与评估工作。通常为某专业领域的具有影响力的知识学者，在专业领域曾刊发论文或出版专著，专注于理论研究、顶层设计（包含组织创新变革等）、实践指导、专业评审、授课、专业知识交流。很少承担具体的管理指标和专项工作任务，更不会从事日常例行工作，主要带队选题或承接研究课题，具有敏锐的专业发展趋势研判意识，具备组织/行业/产业问题调研分析、提供解决方案能力并有大量的代表性成功案例 常见岗位：战略指导专家、上市辅导专家、组织发展专家、供应链管理专家	专家学者

专业发展通道的流动群体主要集中于师层和员层，助理层人员尚处于学习成长阶段，专家层是专业发展通道的封顶职层，到了师和专家层的组织成员可以转往顾问通道发展。一名组织成员晋级至导师一二级（资深或高级导师）、专家级后，自然会成为各个组织"猎寻"的对象。

助理和员两个职层属于该通道的起步层面，是职业发展的开端。助理层不分级，员层分两级，初创企业、小规模的非知识密集型组织的职能群体基本停留在员层和助理层，只需要少量的师层成员即可为组织运营提供基本支持服务。师层在集团公司、知识密集型组织的职业发展通道管理中占据重要位置，师级职员是职能部门人员的主要构成，他们通过专业服务和团队协作为业务提供丰富的共享资源支持。即使是较大规模的组织，专家级成员也是凤毛麟角的，知识学者主要集中在高校、研究机构和超大规模的知识密集型组织中，分布极不均衡。

关于专业发展通道的四层八级划分，职层与职级概念的中文关键词提炼建立在通用概念和管理常识基础上。专业通道还可以简化设置为助理、员、专家三个职层，其中，员层参照公务员职级衍生出办事员、科员、调研员、巡视员多系列职级，又或者分为文员、专员、研究员多系列职级。同一职层的群体规模越大，职级划分越多，成员群体规模与职级的数量呈正相关关系；同一组织的组织结构越狭长，职层划分越多，结构长度与职层的数量亦呈正相关关系。低职级的组织成员负责执行任务和日常运维，高职级的组织成员需要提供智力输出。

（三）技术通道

知识密集型组织、集团型组织中的技术通道和业务通道一样重要。在高新技术产业领域，对技术人员职业生涯的有序管理对组织的核心竞争优势构建及保持更为重要。

高新技术企业、科研机构、高校是知识密集型组织的代表，这一类组织重点引进、培养、保有、使用批量的科研人才和技术应用人才。技术人才通过正式的技术评级、职称评审、技术成果认定发布、技术专利申报等方式实现职级递进或跃迁。诸如航空航天、信息与通信、生物工程等领域，人们从事的是技术研发、产品开发与测试等知识密集度高的工作。传统劳动密集型组织也需要技术人才，其实每个行业、每种业态都有一定的技术含量，如餐饮行业需要厨艺技术（细分为中餐/西餐/面食等厨艺），物业行业需要工程技术（可细分为电梯/暖通/楼宇智能化/供配电/消防安全等工程技术），因此技术通道普遍适用于各行各业。

政府机构、公共事业单位、行业头部企业中技术序列的职级体系已足够成熟，各类组织直接参照即可。技术通道与业务、专业通道的职层职级划分数量不同，分为学徒、技能操作、技术应用、技术研究、科学家五层职层、十五级职级，具体如表2-3所示。

表2-3　技术序列的五层十五级

职层	职级	职级界定说明	职级标签
学徒	学徒级	特定技术操作能力及经验均有限，不足以独立应对工作，须跟岗学习、技术师傅带教。学徒级与其他通道的助理级类似，亦可不铨叙 常见岗位：帮工、学徒、见习工	跟岗学习
技能操作（工）	技师五级	可统称为普通技工、初级技工，需要凭借执业资格上岗或有技术门槛的工种。拥有一定的特定技术操作能力和经验，基本可以独立开展特定技术操作类工作，承担有限的例行操作性技工任务，但仍需要技术师傅的指导 常见岗位：木工、电工、车工、焊工、钳工、机车维修工	普通技工
	技师四级	可统称为熟练技工、中级技工。拥有丰富的特定技术操作能力和经验，独立开展特定技术操作类工作，承担例行操作性技工任务 常见岗位：中级木工、中级电工、中级车工、中级焊工、中级钳工、中级机车维修工	熟练技工
	技师三级	可称为高级技工。拥有丰富的特定技术操作能力和经验，独立开展特定技术操作类工作，除了承担例行操作性技工任务，还具备操作异常问题的处理能力并有成功处理案例 常见岗位：高级木工、高级电工、高级车工、高级焊工、高级钳工、高级机车维修工	高级技工
	技师二级	可称为技师。拥有丰富的特定技术操作能力和经验，技能操作部门的顶梁柱，承担专项工作任务，具备解决问题导向、知识技能学习意识和掌握技术工作方法论，拥有一定的技术操作评估和技术作业指导能力，能处理各种操作异常问题并有成功处理案例，具备现场带教和授课素养，承接教学任务 常见岗位：机车维修技师、木工技师、园艺技师、勘测技师	技师
	技师一级	可称为高级技师。拥有丰富的特定技术操作能力和经验，技能操作部门的顶梁柱，承担专项工作任务，具备解决问题导向、知识技能学习意识和掌握技术工作方法论，拥有较强的技术操作评估和技术作业指导能力，善于处理各种操作异常问题并有大量的成功处理案例，具备现场带教和授课素养，承接教学任务 常见岗位：高级机车维修技师、高级木工技师、高级园艺技师	高级技师

续表

职层	职级	职级界定说明	职级标签
技术应用（师）	工程师四级	可称为技术员。技术应用层的工程师职级与技工技师等技能操作岗位职级有所不同，前者有学历门槛和专业理论知识要求，工程师不仅掌握一定的技术应用方法，还需熟悉技术原理，偏重于图纸设计、技术应用等脑力或脑力体力混合活动 常见岗位：施工图纸绘制员、编程技术员、数据安全管理员、程序员、技术服务员	技术员
	工程师三级	可称为助理工程师。有学历门槛和专业理论知识要求，掌握一定的技术应用方法，熟悉技术原理，初步具备技术应用能力，协助其他工程师完成例行技术工作和专项工作任务 常见岗位：产品设计师助理、产品开发助理工程师、产品测试助理工程师、生产制造助理工程师、数据安全助理工程师、技术服务助理工程师	助理工程师
	工程师二级	可称为工程师。拥有专业理论知识，掌握丰富的技术应用方法，熟悉技术原理，具备技术应用能力，承担例行技术工作和专项工作任务，解决问题导向并掌握技术工作方法论，拥有一定的特定技术应用评估和指导能力，能处理各种应用异常问题并拥有成功处理案例，具备授课素养，承接教学任务 常见岗位：产品设计师、技术研发工程师、产品开发工程师、产品测试工程师、产品实施工程师、生产制造工程师、数据安全工程师、技术服务工程师	工程师
	工程师一级	可称为高级工程师。拥有丰富的专业理论知识，掌握丰富的技术应用方法，精通技术原理，具有较强的技术应用能力，承担大量或重要的专项工作任务，带队选题或承接应用技术类研究课题，具有敏锐的应用技术探索导向、解决问题导向，有一定的业务导向、结果导向意识，掌握丰富的技术工作方法论，拥有较强的特定技术应用评估和指导能力，善于处理各种应用异常问题并有大量的成功处理案例，具备授课素养，承接教学任务 常见岗位：产品经理、技术研发经理、产品开发经理、产品测试经理、产品实施经理、生产制造经理、数据安全经理、技术服务经理	高级工程师

续表

职层	职级	职级界定说明	职级标签
技术研究	研究三级	可称为助理研究员。拥有丰富的技术相关理论知识，对技术原理具有钻研精神，承担技术研究任务，有机会参与研究课题，理论与技术探索导向 常见岗位：特定技术助理研究员	助理研究员
	研究二级	可称为副研究员。拥有丰富的相关及扩展性技术理论知识，在某一学科、某一产业领域或行业技术层面有研究成果，曾刊发理论技术研究类论文或出版理论专著，带队选题或承接研究课题，具有敏锐的理论与技术探索导向、解决问题导向意识，有一定的市场与业务导向、结果导向意识，掌握丰富的研究方法论，有解决特定技术领域疑难杂症的成功案例，拥有较强的特定技术评估和指导能力，具备授课素养，承接教学任务 常见岗位：特定技术副研究员、行业技术副研究员、产业技术副研究员	副研究员
	研究一级	可称为研究员。拥有丰富的相关及扩展性技术理论知识，在某一学科、某一产业领域或行业技术层面有研究成果且有影响力，曾刊发理论技术研究类论文或出版理论专著，在某个核心技术方面掌握先进或领先技术，具有敏锐的理论与技术探索导向、解决问题导向意识，有一定的市场与业务导向、结果导向意识，掌握丰富的研究方法论，有解决特定技术领域疑难杂症的大量成功案例，拥有较强的特定技术评估和指导能力，具备授课素养，承接教学任务 常见岗位：特定技术研究员、行业技术研究员、产业技术研究员	研究员
科学家	科学家	偏重于某个或多个相关理论技术领域的研究与指导、趋势研判与技术评估。某个技术或理论领域的具有影响力的科学家，在专业领域曾刊发高水平的理论技术研究类论文或出版理论专著，专注于理论研究、技术难题破解、技术发展趋势研判与技术投入方向评估、授课、理论交流 常见岗位：科学家	科学家
	首席科学家	偏重于某个或多个相关理论技术领域的研究与指导、趋势研判与技术评估。某个技术或理论领域的具有广泛影响力的科学家，理论或技术权威，在专业领域曾刊发高水平的理论技术研究类论文或出版理论专著，专注于理论研究、技术难题破解、技术发展趋势研判与技术投入方向评估、授课、理论交流 常见岗位：首席科学家	权威科学家

笔者设计职业发展通道时为每个通道的职级设置了弹性铨叙的级别。业务及专业通道助理级、技术通道的学徒级严格意义上并非职级，只是职业发展通道的一个起步而已。位于业务及专业通道的助理级、技术通道学徒级的新人入职时无须评级，会自动列入初级（助理级/学徒级）。

在多数发达国家中，技能操作和技术应用职层涵盖了广泛的劳动群体，同一统计口径范围内其他所有通道的劳动者加总也抵不过技术通道的技工技师和工程师人数。技能操作层人员从事的是具有技术含量的体力劳动，熟练技工和高级技工是主力军。技术应用层人员从事的是具有技术含量的脑力劳动或脑力体力混合劳动，工程师和高级工程师为主力军。

关于技工、技师、技术员、工程师的认定，宏观层面有国家职业资格、职称的评定标准，企事业单位层面也有定制版本的与薪资挂钩的职级评级标准，只是认证和发证机关不同，鉴定结果的权威性和用途亦不同。完整的技术通道对于行业领先者、知识密集型组织、集团型组织非常必要，它们长期致力于某一技术、行业、产业领域的技术研究，从而构建并巩固核心技术竞争优势，始终站在产业链的关键位置。只有高新技术产业的头部企业、大型科研机构才有足够实力增设科学家、首席科学家相关岗位职级。科学家和首席科学家职级原则上不是通过评级而是授予的，该类人才已在业内知名，且拥有相关理论或技术成果，组织直接引进或与之建立某种形式的合作关系。组织绩效考评机制并不适用于科学家人才，组织应给予科研人才相对宽松的研究周期和投入充裕的研究资金，并提供必要的研究设备，主动为科学家及其家人提供全方位的生活与安全保障，这样才能让科学家全身心投入研究工作。实力雄厚的组织会实施引进领军人才战略，在全球寻找专家人才，获取优质人才资源为己所用。

技能操作和技术应用两个职层在上下层级关系方面并非那么严格和绝

对，部分工种的技工技师薪酬待遇并不比工程师差。前者在具体作业层面覆盖特定技术类操作工工种，后者在宏观技术应用层面覆盖特定技术类知识应用工种。当组织规模有限情况下，助理工程师和技术员两个职级可合二为一。

（四）管理通道

在组织内部晋级或直接定级到业务经理、师级及以上级别的成员，不可避免地要承担部分管理职能。管理通道并非纯粹的职业发展通道，它既有机会合并其他通道的重叠职层，也有机会并入其他通道。如业务通道的业务经理、经营经理职级，专业通道的导师职级，技术通道的工程师职级人员，负有管理责任并被授予一定的管理职权。只是业务通道的组织成员偏重业务、经营，而专业通道的组织成员侧重专业深耕，技术通道的组织成员聚焦于技术应用和研究，管理并非他们的擅长也无须成为第一擅长。管理通道的组织成员从其他通道流动而来，具备业务/经营、通用专业、特定技术等一种或多种复合能力，能站在管理视角换位思考，聚拢团队、分工协作并愿意承担管理责任。管理通道的组织成员管的首先是人，其次是事项分工和资源的协调，其与业务、专业、技术三通道高级别人员集中做事和管事相比还是有差别的。在管理实践活动中，业务通道高级别人员同样被视为管理人才，专业通道高级别人员也会被授予较大的管理职权。管理代岗试用考察后转正、基层挂职锻炼后管理晋升、外派转常驻升调、人才盘点候补晋升、重大立功晋升等是管理通道常见的上升流动方式。升降职是管理通道中两个相反的流动方向，前者代表肯定态度、正激励措施，后者代表惩罚态度、强制性负激励措施。

管理通道的职层大致分为三级部门主管、二级部门主管、一级部门主管、公司经理四个职层和正副职八个管理级别，具体如表2-4所示。

表 2-4 管理序列的四层八级

职层	职级	职级界定说明	职级标签
三级部门主管	副主管	部门管理副职,协助部门主管管理部门,部门主管的梯队角色。作为部门管理者,其需要具备基本的分析判断、沟通协调、解决问题和部门业务实操能力,工作中要与不同身份的人打交道,分析判断、沟通协调、处理异常为其主要日常管理活动 常见岗位:部门副主管、科室副主任、办事处副主任、车间副主任、车队副队长、工作站副站长	基层管理副职
	主管	部门管理正职,一个部门管理正职编制一般只有 1 人,部门全盘管理者。作为部门管理者,其需要具备基本的分析判断、沟通协调、审核决策、解决问题和部门业务实操能力,承担部门管理主要责任,工作中要与不同身份的人打交道,团队建设、分析判断、沟通协调、审核决策、处理异常为其主要日常管理活动 常见岗位:部门主管、科室主任、办事处主任、车间主任、车队队长、工作站站长	基层管理正职
二级部门主管	副经理	部门管理副职,协助部门经理管理部门,部门经理的梯队角色。作为部门管理者,其需要具备基本的综合知识、专业知识理论,较强的分析判断、沟通协调、解决问题和部门业务实操能力,掌握一定的管理技巧和工作推进方法策略,工作中要与不同身份的人打交道,分析判断、沟通协调、处理异常为其主要日常管理活动 常见岗位:部门副经理、副厂长、副馆长、副店长	中层管理副职
	经理	部门管理正职,一个部门管理正职编制一般只有 1 人,部门全盘管理者。作为部门管理者,其需要具备基本的综合知识、专业知识理论,较强的分析判断、沟通协调、审核决策、解决问题和部门业务实操能力,掌握丰富的管理技巧和工作推进方法策略,工作中要与不同身份的人打交道,团队建设、分析判断、沟通协调、审核决策、处理异常、应对紧急突发事件为其主要日常管理活动 常见岗位:部门经理、厂长、馆长、店长	中层管理正职

职层	职级	职级界定说明	职级标签
一级部门主管	副总监	部门管理副职，协助部门总监管理部门，部门总监的梯队角色。作为部门管理者，其拥有丰富的知识体系，较强的分析判断、沟通协调、审核决策、解决问题和工作技能扩展能力，掌握丰富的管理技巧和工作推进方法策略，能独立开展调研工作，具有学习意愿并掌握一定的学习方法，能够从结构或系统层面提出创新变革建议，工作中要与不同身份的人打交道，调研、分析判断、沟通协调、处理异常、应对紧急突发事件为其主要日常管理活动 常见岗位：部门副总监、次长、副部长、副司长、副厅长、副局长	中高层管理副职
	总监	部门管理正职，一个部门管理正职编制一般只有1人，部门全盘管理者。作为部门管理者，其拥有丰富的知识体系，敏锐的政治嗅觉，强大的分析判断、沟通协调、审核决策、解决问题和工作技能扩展能力，能独立开展调研工作，具有学习意愿并掌握一定的学习方法，还要有前瞻意识，能够从结构或系统层面提出创新变革建议，善于聚焦管理，工作中要与不同身份的人打交道，团队建设、调研、分析判断、沟通协调（含调配资源）、审核决策、处理异常、应对紧急突发事件为其主要日常管理活动 常见岗位：部门总监、部长、司长、厅长、局长	中高层管理正职
公司经理	副总经理	分管领导岗位，分管（含直管）多个一级部门，横向联系协调若干部门。善于分析判断，拥有创新变革和前瞻决策的勇气，具备资源调配、聚焦核心、解决重大难点疑点的能力，是对该管理层级岗位的基本要求。分析判断、审核决策、调配资源、公共关系维护、解决难题为其主要日常管理活动 常见岗位：公司副经理、分管副总经理、副总裁、事业群领导、副主席	高层管理副职
	总经理	组织决策岗位，日常管理总负责人，全面领导者。作为组织领导者，战略思考、趋势研判、创新变革思考、重大决策、聚焦核心、调配资源、公关交际、解决难题为其主要管理活动 常见岗位：公司经理、公司总经理、总裁、首席执行官、主席	高层管理正职

管理通道职层职级的设置与组织机构汇报链条形式密切相关，扁平化管理与网状沟通链条对于提高信息传递速度、决策效率方面大有裨益，且能实现多触点沟通协调。一二三级部门之间属于包含与被包含的关系，一级部门或无下设分支机构或下设多个二级部门，二级部门依次类推。管理序列人员只有在组织层面予以定岗定编才被视为正式的组织管理者。任何一个管理职层的正副职岗要么是部门直接管理岗，要么是分管领导岗，或者是大组织的全面管理岗（如总经理）。各职业发展通道职层职级表中的常见岗位举例仅作参考，不建议生搬硬套。管理通道的四层八级尤其适用于企业类型组织，政府机构、各种性质的企事业单位职业发展通道的设计也是万变不离其宗。

在同一组织中管理岗位的名额会受到严格控制，管理通道的每个层级和职级人数有限，在数字化、信息化、人工智能的加持下，管理幅度的边界获得极大扩展。同一个部门设置一个正职管理岗，根据管理职能的宽度设置若干管理副职。公司经理层的总经理、副总经理职级属于日常决策核心，两职级人员共同组成大组织的决策班子。一二三级部门主管职层职级越高，其管理协调与思考决策的角色就越重要；职级越低，其带队执行和处理异常的角色就越重要。

管理通道中公司经理、一二三级部门主管也可以通俗地划分为高层、中高层、中层、基层四个管理职层，职级从总经理/副总经理、总监/副总监、经理/副经理、主管/副主管八级对应变换为规划决策/参与决策、管理协调/辅助协调、管理执行/辅助管理执行、带队执行/辅助带队执行八个级别。

（五）顾问通道

顾问职能通常由外部专业机构承接，包括调研、管理咨询、管理顾问、培训服务。顾问通道实际上是一个补充性职业发展通道，顾问通道的人才专业特征明显，依靠知识立足，有机会为组织带来局部深刻或全局长远的影响。

组织如能设计并获取一批于顾问通道发展的人才，其经营管理水平会获得长足进步。

根据顾问工作的特性，将顾问通道划分为调研、顾问、咨询、审议四个层级，以及调查员、分析师、专业顾问、管理顾问、单案咨询、全案咨询、决策顾问七个职级，具体如表 2-5 所示。

表 2-5　顾问序列的四层七级

职层	职级	职级界定说明	职级标签
调研	调查员	调查职级是顾问通道的入门级别，无经验但热爱顾问工作且有一定发展潜质的年轻人有机会以调查员身份进入顾问通道发展。调查员需要掌握一定的调查方法和技能，会使用必要的调查工具才能正式上岗，从组织内外部渠道获取一二手调查资料并进行初步整理统计 常见岗位：调查员、助理咨询师、助理管理顾问	调查统计
	分析师	负责调查项目的建模、调查问卷的设计、调查资料的统计分析预测、调查报告的编制和演示解说。分析师的价值在于预测发展趋势、预警风险，发现结构性和系统性问题，找到问题的深层原因及根源，并提出针对性的解决方案。具备足够的分析判断和预测能力是对分析师的基本要求 常见岗位：数据分析师、调研师	分析报告
顾问	专业顾问	达到专业顾问级别的人员具备了在某个具体专业领域独立开展顾问的能力。掌握并会运用专业知识理论、工作方法论，能够提出基于专业判断的具体解决方案或意见建议，但不负责实施，具备专业授课素养 常见岗位：专业顾问、方案顾问	专业参谋
	管理顾问	融会贯通了多个专业领域的知识理论，具备多领域开展顾问的能力。拥有丰富的综合知识，精通数个专业领域知识理论，掌握并会运用各类工作方法论，能够系统性思考提出基于解决系列问题的一揽子解决方案或意见建议，具备专业授课素养 常见岗位：管理顾问、公司顾问	管理参谋

续表

职层	职级	职级界定说明	职级标签
咨询	单案咨询	比顾问更进一步，不仅拥有扎实的专业知识理论，还具备将专业顾问建议转化为咨询项目的操盘落地能力。掌握并会运用专业知识理论、工作方法论、咨询项目操盘程序、会议主持和培训能力，能够提出基于专业判断的具体解决方案或意见建议，且负责实施落地、效果评估 常见岗位：专业咨询师、方案咨询师	专业咨询
	全案咨询	比单案咨询更进一步，除了拥有跨专业的知识理论，还具备将管理顾问建议转化为咨询项目的操盘落地能力。掌握并会运用综合知识理论、工作方法论、咨询项目操盘程序、会议主持和培训能力，能够系统性思考提出基于解决系列问题的一揽子解决方案或意见建议，转化为涵盖多个专业领域的整体咨询项目，且负责带领咨询项目组成员主导实施落地、效果评估 常见岗位：管理咨询师、全案咨询师	整体咨询
审议	决策顾问	顾问人员以总顾问、董事等身份参与组织管理，借助自身及周边资源为组织提供包括顶层设计在内的解决问题方案，在合适渠道和恰当时机发表专业意见、披露风险，或以重要评审角色直接参与决策审核 常见岗位：总顾问、董事	总顾问

顾问工作离不开调研，调研是顾问工作的基础活动。所有的顾问服务都需要调研资料、统计分析的支撑，这代表了顾问人员的严谨态度。调研只是顾问通道的初级层面，由调查员级和分析师级两个职级组成，诸如战略调研、神秘顾客调查、门店选址调研、薪酬调研等都属于调研活动。调研由调查获取资料和分析资料两部分组成，前者偏获取，后者偏分析。

顾问层的专业顾问、管理顾问人员卖的是知识，向组织输出知识成果并获取回报，至于顾问效果如何并没有确定的衡量标准。专业顾问提出专业性意见建议，在专业层面思考并找到解决具体问题的答案；管理顾问则不同，不会局限于某一专业职能，而是基于整体问题考量提出系统性的解决方案。

顾问人员如果知识结构与实践阅历缺乏厚度，顾问服务就会浮于表面——停留在知识层面或方案设计环节。

咨询层在顾问通道中是最有挑战性和专业压力的层级，专业咨询师或管理咨询师既要拥有理论知识，又要具备操盘水准，理论、方法、程序、策略、沟通、思维能力一样都不能少，否则极有可能导致咨询项目失败。咨询项目（尤其是全案咨询项目）考验的是一个人的综合素质。

顾问人员职业发展的顶层是审议层，顾名思义，其主要工作是审核提议。组织会聘请此种顾问人员参与决策，给予其高级别职衔，如总顾问等。位于审议层的决策顾问人员数量极其有限，其长期利益与某一组织或若干组织利益深度捆绑，一荣俱荣，一损俱损。组织的发展壮大和美誉度持续上升，其凝聚了决策顾问的一份智慧心血；组织持续萎缩和品牌名誉受损时，作为组织重大事项审议角色、拥有较大话语权的总顾问、董事等难辞其咎。

笔者就五种职业发展通道（业务通道、专业通道、技术通道、管理通道、顾问通道）做了较为详尽的论述，重点围绕通道的职层职级进行阐述。真正让职业发展通道运行起来，不仅需要设计以上通道结构，还需要设计流动规则作为人才流动的固化管理举措。

组织成员在职业发展通道内的流动，平调较为常见且一般不受条件限制——只要调入部门和调出部门同意、当事人接受，且当事人符合调入岗位的任职条件、符合调入部门的编制标准，人力部门对接履行调动手续即可。升调和降调不仅关乎组织成员的核心利益，更关乎组织发展命运，本书重点围绕升调与降调两种流动规则进行论述。

三、职业发展通道流动规则

升调具体分为管理升职、职级晋级，降调具体分为管理降职、职级降级，组织层面的人事升调、降调决定表达了组织对特定行为的公开提倡或反对态度。组织发展团队根据自身工作平台所能提供的职业发展通道设计一套组织成员升调和降调规则，并固化成基本的规章制度，写入管理软件日常运作，从而让流动规则持续发挥威力。规则是用来遵守的，需要拥有组织决策权和管理授权的干部率先恪守，但允许例外决策。如果发现现行规则无法满足部分组织成员职业发展需要时，那么组织发展团队应该积极评议和修补完善升调、降调规则；如果发现现行规则明显制约了组织成员职业发展时，那么应该调研评估和重建规则以覆盖旧规则。

（一）升调流动规则

升调的第一个规则：以技能鉴定、职称评审结果作为晋级条件。 技能鉴定、职称评审机构可以是国家相关机构，也可以是社会团体、企事业单位。由全国性政府机构组织考试和评审后颁发的技能等级或职称证书具有较高的权威性；地方政府机构、社会团体评审颁发且向国家相关机构备案的证书也有一定的权威性；若干头部企业联合体、行业头部企业、美誉度较高的公共事业单位等内部认定和颁发的证书首先通行于组织内部，其次在特定行业内有一定的影响力。

政府机构适合定标准（如特殊工种技能等级、公共服务事业专业工种职称标准），被政府机构授予评级资格的社会团体、企事业单位适合依据标准评定等级。民营、外资企业相对自主灵活，除了遵循从业资格、执业资格认证外，其他技能鉴定、职称评审完全可以自行决定，并将其与薪资、福利挂钩。升调、降调只有与组织成员个人利益变动密切相关时，才能避免流于形式。

技能鉴定和职称评审主要适用于通用专业、特定技术通道人群，它是专业通道、技术通道职业工作者的重要升调方式，其晋级规则随同组织发展阶段变化更新完善。致力于在专业或技术通道发展的人积极参加组织机构（国家/地方政府机构、行业协会/其他社会团体、所在工作单位）举办的技能测试或职称评审活动，从而获取相应的技能等级鉴定证书或职称称号。

升调的第二个规则：**以代岗试用、述职质询结果为管理晋升条件**。同一组织中管理职务名额有限，管理岗位缺编时可由上级部门主管代行职务，也可安排他人代岗试用。代岗指代理职务。正常情况下缺编补位、代岗试用是常见的组织用人举措。至于代岗的人选，部门副职、跨单位后备干部位列其中。对于候选人而言，代岗安排是管理晋升前的正式考察。缺编补位、代岗试用属于最为常见和无繁杂规则约束的管理晋升方式。

述职质询结果取决于其代岗试用期间部门主要指标数据、解决问题的成功案例，团队建设和人际关系也是重要的评价因素。另外，其能力因素（分析判断、沟通协调、决策、业务技能等）是不可或缺的评价点。述职质询围绕阶段成绩、现实能力和发展潜力展开。履行必要的晋升任命程序，是为了保障程序的正义。述职质询除了在程序规则方面体现价值外，述职报告会上的信息交流有助于各部门从多个方面了解代理职务者的工作表现情况。

升调的第三个规则：**以公开竞聘成功为管理晋升条件**。公开竞聘的意义在于增加组织成员职业上升流动的机会。组织只有在一定范围内长期开展公开竞聘活动，才有助于竞选人形成对投票群体负责的意识。公开竞聘的岗位最好是中基层管理岗位，竞聘组织部门面向组织内部公开竞聘，扩大范围遴选合适人选。公开竞聘活动原则上向符合报名条件的组织成员全部开放。既然是组织内部管理岗位竞聘，那么组织资产的所有人或代理人就是天然的投票人。

竞聘人需主动报名和参加竞聘活动，接受组织评审。竞聘人必须获得足够的票数并且公示通过，才能走上竞聘岗位。组织决策人可以把竞聘活动理解为内部的集体面试，面试通过后仍需试用考察，让绩效结果来验证一个人的现实能力和潜能。

升调的第四个规则：以各方推选、组织考察和商议投票结果为管理晋升条件。推选、考察、小范围商议并投票表决的升调活动通行于政府机构、公共事业单位、企业、社会团体等广泛类型的组织。当一个管理岗位空缺或即将空缺时，上级行政管理单位、业务指导单位、用人单位、组织发展部门都有权推选意向人选，并为所属意的人选拉票。组织干部任免管理活动是严肃的事情，各方推选、组织考察和商议投票是常见的管理晋升方式。

组织发展部门在干部管理晋升方面扮演多种角色和发挥多种作用，具体包括披露组织成员信息、表达评价意见、沟通协调促成共识、贯彻干部任免程序等。负责干部人事档案的组织发展部门逐一调取候选人的档案并附考察意见，供组织评估决策。即使组织同意，在未正式任命的公示阶段接到举报或发现其他严重问题时，依然会推迟或撤销任命。

升调的第五个规则：以年龄/学历、基层锻炼经历、学习进修经历、绩效表现为依据，纳入后备干部队列机动补位。组织成员的流动除了向上流动还有向下流动、平行流动、向外流动，储备人才是组织发展的重要工作内容，其中，管理通道的人才储备管理是各类型组织普遍所需要的。管理通道的梯队人才又称为后备干部力量。一旦岗位空缺，部门管理副职以及其他被纳入干部梯队的人员就会获得补位机会。

年龄、学历是后备干部的基本要求，年龄超线或学历不符则无法取得后备干部资格。在中高层管理岗位的缺编补位方面，组织既看重绩效表现（过往成绩），还关注基层锻炼经历。由上级组织、第三方单位举办的人才培训班和学历提升教育活动是提高组织成员管理能力、完善组织成员教育档案的重要渠道。组织发展团队以年龄/学历、基层履职、学习进修、绩效表现为主要评估维度设计具体的评价规则，形成组织后备干部管理规章。被组织纳入后备干部队列不代表必然会晋升，但意味着光明的职业发展前途。从后备干部中挑选人才补位管理空缺，于组织而言，决策效率高、试错成本低。

升调的第六个规则：外派转常驻，就地晋级晋升。 外派指从组织本埠派驻到异地（含海外）的组织行为。具体而言，组织成员从本埠派往异地或海外工作的时间超过一次出差最大时长规定，但组织关系或劳动关系、劳务关系未跟随调动到被派驻单位。

如果外派是临时性或过渡性质、轮换方式的安排，那么外派人员无论绩效表现如何，最终还是会返回组织本埠。如果外派基于组织文化整合、用人综合成本等方面的考量，那么外派人员就有机会转为常驻人员。外派人员转为常驻人员通常不得不牺牲部分个人利益，组织在职务职级、薪酬福利方面给予适当的补偿是必要的。外派转常驻就地晋级晋升成为升调的又一种渠道。

外派适合业务、专业、技术、管理各类职业发展通道的人才。外派转常驻，外派人员的组织关系、劳动关系、劳务关系一般要变更为常驻地。从国内派驻到海外工作，外派转为常驻若涉及人事关系的变更，会牵扯国内和海外的法律适用问题。

升调的第七个规则：以重大立功表现为依据，直接晋升晋级。 取得关键性技术突破、追回大额欠款、成功融资解困、抢险救灾等突出表现，均可视为重大立功表现。被组织列入重大立功表现名单的主要成员，组织不妨大胆擢晋（包括特批晋升晋级）。丰富的升调规则可以激励组织成员发挥自身优势，从而创造贡献、快速成长。

重大立功对应的是高挑战性、高难度事项，事项完不成给组织及成员个体造成的风险巨大，事项即使完成也可能面临巨大牺牲甚至付出生命代价。以重大立功表现方式获得晋升晋级机会的人数着实有限，它只是升调的补充规则。

升调的第八个规则：以卸任要职为契机，给予晋升或晋级。组织中有一批人在组织创建及发展历史中曾扮演重要角色，身居要职，但到了组织转型升级阶段，其年龄、身体、知识结构、思维方式、事业激情等已不能满足组织需要，组织决策人如何对待这批曾经有历史贡献的成员会影响到全体组织成员对组织文化的看法。

鼓励曾经的管理骨干主动卸任组织核心岗位，组织不妨给予恰当的晋升晋级（包括但不限于调升至上一级部门管理副职岗位或其他非核心部门的非决策岗位，或者从管理岗位调动到非管理岗位但上调一级职级和待遇），鼓励其继续发挥个人价值。通过设计并运行晋升晋级规则，促使部分管理骨干有序退出工作平台或重新调整其在工作平台上的角色，从而以较小的成本代价实现新老交替，减少职业发展通道人才流动的堵塞现象。

升调的这八个规则离不开管理升职、职级晋级两种基本上升表现形式。业务通道、专业通道、技术通道的半径相较管理通道宽很多，技术通道的长度非管理通道所能比拟。半径代表可容纳的组织成员上升名额，长度代表组织成员上升频次。组织设计和运行人才升调规则旨在解决职业发展通道中的上升名额和上升频次问题，通过规则引流人才让各个通道的流动趋于科学合理。

（二）降调流动规则

降调的第一个规则：以绩效表现不达标、述职质询结果作为降职降级条件。对于承受经营压力的组织，绩效表现成为组织成员职业发展的核心评价维度。业绩达标与否、业绩排名如何，是组织衡量成员个体及团队价值的主要方式。以绩效表现数据为主体汇报内容的述职质询活动成为组织进行人事调整的风向标。

围绕业绩达标率、业绩排名设置的自动升降级规则，相当于简化的绩效表现与升降级联动机制，省去了述职质询环节。它主要适用于业务及经营团队，以鲜明直接的正负激励措施推动业务及经营人员达成目标和提高排名。组织以业务及经营人员业绩达标率低于容忍线、业绩排名触底为触发条件自动下调其一级职级，薪资待遇相应调整。

降调的第二个规则：所承接专案办理结果造成重大负面影响，做降职或免职处理。专案需要指定专人或成立专项小组来推进，其重要性及挑战性不言而喻。专案工作往往有时限要求，由客户或上级部门、第三方监管机构责令限时输出确定性结果。常人难以胜任重大专案工作，明智的组织决策人应理性选择非常人鼓励其承接重大专案，这样才能提高专案办理成功的概率。

降调的第三个规则：任职到期、公开竞聘落选，管理降职或不再担任管理职务。管理岗位任职到期包含了任期届满、退休离任。组织成员获得某种有期限规定的职务，任期满后被降职或不再担任任何管理职务，又或者申请竞聘下一个任期——此类管理任免职是组织的程序性正常安排。组织针对某个管理岗位实施公开竞聘，允许在任者参与竞聘，在任者也有可能竞聘落选被降职或不再担任任何管理职务。通过任职到期和公开竞聘方式调整人事安排，有利于组织内部人才的有序流动，避免人才结构的固化僵化。

降调的第四个规则：以违法、严重违反规章制度为依据，做问责通报、降职降级处理。人们违法就得接受法律的强制性惩罚，用人单位可以依据法律条令免去以身试法者的职务或者直接解雇。人们虽无违法但严重违背了所在单位的规章制度时，用人单位可以此为由对其进行问责通报、降职降级，甚至免去所有管理职务。组织对违反规章行为的处理，以不与法律冲突为原则。降职降级包括降职或降级使用、免去部分管理职务或免去所有管理职务等具体措施。

用人单位内部大量的问责通报案例中，责任人一般严重违反了组织的规章制度。公开问责通报体现了组织的严谨态度和责任追溯原则。组织规章制度的制定和修订工作应遵循"主体合法、内容合法、程序合法"常识原则，确保规章的有效性。

降调的第五个规则：组织结构调整导致岗位编制缩减或取消，降职调整分工。组织结构调整带来的变化，主要是岗位名称变动和管理职务增减。组织结构瘦身导致管理职务数量缩减，作为被撤销部门的管理人员不可避免被降职或被调整分工。这种降职调整规则适用场景有限，在稳定的组织机构中很难成为职业发展通道的主流规则。

降调的第六个规则：从业务转职能，降职降级调动。就职于业务单位、海外分支机构的人们想要转入内地发达城市职能机构工作，这并非组织所鼓励的职业发展方向。组织发展团队由此设计一套流动控制规则，包括控制年度指标名额、调降职务职级、调降薪资待遇、取消部分福利和补贴等，用以管控业务转职能、海外调国内的行为。组织从职务职级、薪资福利、荣誉各方面鼓励人们坚守业务、海外岗位。设计流动控制规则的目的并非杜绝和严厉惩处某种调动行为，而在于有序控制人才流动的方向。

降调的第七个规则：以主动辞去管理职务为契机，不再担任管理职务。组织成员在自身存在管理过失情形下主动辞去管理职务——因下属重大过错、自身负有领导责任但无刑事责任，主动请辞不失为一种明智的选择。除了因为下属重大过错、负有领导或管理责任情形外，自身能力问题也是组织成员请辞的一种考量因素。辞去管理职务，属于组织成员的主动行为，组织接受请辞的前提是其自身无重大过错且无隐瞒其他违法及严重违反规章制度的行为。

降调的第八个规则：由于年龄、身体因素不能胜任岗位，降职调整或不再担任管理职务。组织管理干部超龄或身体条件差而勉强履职时，对于组织健康运作弊大于利。规则设计者应充分考虑重要管理岗位的工作强度，为不同职层管理岗位设定退职的年龄线，为身体因素导致的长期休假情形设定免职临界点，一旦年龄超限或病休达临界点则自动触发降职或免职规则。

降调的这八个规则属于组织对成员职业生涯有序管理的约束性规则，涵盖了降职调动、降级调动、降职降级调动、免职的多种降调途径，具体包括绩效述职不过关、专案办理重大负面影响、任职到期、公开竞聘落选、违法及严重违反规章制度、结构调整、业务转职能、边疆调内地、海外调国内、主动请辞、年龄和身体因素不能履职11种情形下的降调流动规则。组织发展团队必须要有顶层设计能力，在组织决策人的设想下提出具体的且有利于组织人才发展的规则，并在落实过程中加入科技化、信息化、智能化手段。

为了让读者快速浏览职业发展通道的流动规则，笔者将上述十六种规则纳入一张简表中，具体如表2-6所示。

表2-6 职业发展通道的升调、降调规则

规则类别	流动规则概述	规则关键词
升调	以技能鉴定、职称评审结果作为晋级条件	鉴定等级，评审职称
	以代岗试用、述职质询结果为管理晋升条件	代岗晋升
	以公开竞聘成功为管理晋升条件	竞聘晋升
	以各方推选、组织考察和商议投票结果为管理晋升条件	推选晋升
	以年龄/学历、基层锻炼经历、学习进修经历、绩效表现为依据，纳入后备干部队列机动补位	候补晋升
	外派转常驻，就地晋级晋升	外派晋升
	以重大立功表现为依据，直接晋升晋级	立功升调
	以卸任要职为契机，给予晋升或晋级	荣誉升调

续表

规则类别	流动规则概述	规则关键词
降调	以绩效表现不达标、述职质询结果作为降职条件	绩差降调
	所承接专案办理结果造成重大负面影响，降职或免职处理	专案不利降职
	任职到期、公开竞聘落选，管理降职或不再担任管理职务	任期结束、竞聘落选
	以违法、严重违反规章制度为依据，问责通报降职降级处理	问责降调
	组织结构调整导致岗位编制缩减或取消，降职调整分工	结构调整
	从业务转职能、边疆调内地、海外调国内，降职降级调动	转业降调
	以主动辞去管理职务为契机，不再担任管理职务	请辞职务
	由于年龄、身体因素不能胜任岗位，降职调整或不再担任管理职务	超线降调

第四节　组织对成员职业生涯进行 有序管理的核心思想详述

　　笔者对职业生涯管理的思考，建立在前人理论基础上。职业指导专家学者从选择、决策、学习、发展等多角度提出并丰富了生涯学说。本书重点从组织视角思索职业发展生涯的有序管理，结合理论实践提出"开放通道、鼓励职能转业务、鼓励内部提拔、实施跨单位升调、动态平衡外聘与内选比例、滚动储备人才、缩短成长周期、扬长容短"八条核心指导思想。

　　开放通道是组织对成员职业生涯进行有序管理的基本前提，职业变动受制于通道结构和流动规则。鼓励职能转业务明确表达了以经济发展为核心的思想，让每一个具备业务潜质的人有机会在业务通道中锻炼成长。鼓励内部提拔是加强人才内部流动意愿的牵引力，旨在提高优秀和高潜成员的稳定性，增强绩效表现。坚持跨单位升调乃出于淡化人际关系、拓展新局面的考虑，只有多地开展业务的规模型组织才具备实施条件。动态平衡外聘与内选比例旨在解决外部引流和内部上升的平衡问题，既能引进新思想、新思路和新技能，也能保障组织成员的职业发展机会。持续建设人才梯队方能保证人才流动的持续性，它也是内部选拔、动态平衡外聘与内选比例的基本保障。缩短职业成长周期蕴含了生涯阶段理论思考，表达了组织的包容试错和加快输出业绩的思想。扬长容短使用人才意在提醒组织正视人才长短板现实，学会驾驭和兼容使用个性化人才，避免形成集体平庸局面。

一、开放通道

开放通道，不但指向全体组织成员开放五条职业发展通道，还指明了个体与组织共赢的合作路线。组织主动开放职业通道，鼓励成员自我调适和双向选择工作平台上的职业发展机会，实现个体与平台的双赢。

在信息开放的组织中，组织成员可以在不同通道之间转换。开放的组织与开放的通道具有通道多样性、硬性规则与弹性规则并行、拥有明确的引导标识等显著特征，各通道的流动体量分布合理、内部流动速度快，向上流动的机会优先向绩优和高潜成员倾斜，向下流动的压力强制推送给绩差和其他特殊群体。组织保持开放的姿态向全体成员展示工作平台上的所有职业通道，公布职业发展规则并遵循规则运作，通过有序的流动将组织成员成长与组织发展紧密联系。

二、鼓励职能转业务

职能转业务指的是通用专业通道的人们转向业务/经营通道。用人单位鼓励职能转业务，一则贯彻业务和经营第一的思想；二则扩大范围筛选和发现擅长业务/经营的高潜人才；三则鼓励人人都懂一点业务、会一点经营，让懂业务、会经营的人转回专业通道后逐步在职能部门占据重要位置。所有功能完整的组织都设有专业通道，因此鼓励职能转业务具有普遍指导意义。

相对于业务通道的组织成员，长期于专业通道发展的人们由于远离业务场景，其在工作协同中容易单纯从专业角度判断一件事情的对与错，会给业务的正常开展造成一定的障碍。

保持业务增长和健康经营是保障经营性组织正常运转的基石，持续扩充业务通道的优质人才资源是人才管理的重中之重。组织应当积极鼓励全体成员贴近业务，在不影响业务部门正常运作的前提下，培养熟悉业务、能从业务角度思考的各级人才。倡导管理干部和专业人才主动走出办公室下基层到一线深入调研，积极参加业务会议，做出符合实情的决策和资源支持。

三、鼓励内部提拔

鼓励内部提拔实际上是将向上流动的机会优先给到了既有组织成员，阐明了组织在人才发展任用方面的基本立场。鼓励内部提拔主要指管理职务的晋升，组织将部分职务晋升机会留给内部成员。

规则设计者需要辨识适合内部提拔的职层及岗位类型，科学设定提拔的规则，避免内部提拔失误对组织造成致命的影响。规则设计者大致设定内部提拔岗位所需的组织工龄、年龄、学历、身体素质、绩效表现等门槛条件，但允许例外。

符合条件的组织成员获得提拔后任职一二三级部门管理副职，依然会以后备干部角色学习成长。各通道低职层岗位都可以优先作为"内部提拔类"岗位，主要面向组织正式成员开放。践行"鼓励内部提拔"思想不止于设计职业发展通道的流动规则，人才梯队计划才是主要内容。

四、坚持跨单位升调

跨单位升调以管理晋升为主，坚持跨部门或异地升职的意义何在？一个人长期在同一地、同一部门任职有可能会形成错综复杂的利益关系，坚持跨单位升调是从结构和规则上保障组织良性发展的举措，在推动组织改革发展过程中不存在历史包袱和个人利益牵绊。

人才与职业发展机会的不均衡分布及增进工作交流的需求，使跨单位升调有了市场。于大组织全局视野优化配置人才资源，是组织人才发展的基本策略。管理理念和方法具备通用性，一个人换个地方、换个部门任职，只要快速适应新的工作环境，就能够显著减少人际关系带来的工作阻碍。跨单位升调主要适用于政府机构、公共事业单位、集团型企业。

五、动态平衡外聘与内选比例

"鼓励内部提拔"的核心思想已经给"动态平衡外聘与内选比例"设想划定了一个方向：组织在平衡外聘与内选人才比例的过程中有意识地向内选倾斜。从理论视角看，个体的生命周期和职业发展黄金期相对于组织生命周期而言太过短暂，组织持续通过外部引进和内部遴选人才从而延长组织生命周期。组织对于成熟稳定业务坚持"内部提拔为主、外聘补充增强"的平衡举措，对于非主营新业务采取"引进优才为主、内选补充搭配"的平衡举措。

当组织加速扩张时，包括人才在内的管理资源就会被稀释。管理资源的补充更新需要一个过程，组织发展负责人会推出包括加强拓宽招聘渠道、缩短梯队人才输出周期、放宽内选条件、提高外聘人才比例在内的一系列举措来缓解人才供应压力。对于知识密集型组织（如科研机构、知识密集型企业），技术应用和科学技术研究人才的外部引进与内部提拔是动态平衡外聘与内选比例的重点措施。

六、持续建设人才梯队

梯队人才是职业发展通道向上流动的主体力量。组织发展团队制定和实施人才梯队工程，从人才战略高度构建人才梯队。人才梯队的培养输出首先从业务和管理通道切入，其次是技术通道。

系统的人才梯队建设是一项持续的工程，包含了职业发展通道管理、技能鉴定、教育训练、人才地图管理等宽泛的工作内容。人才梯队建设的第一要务是预防人才断层（批量人才缺口）造成经营管理失序；第二要务是确保顺利交接，避免人员离职或调动后无人接手。

持续建设人才梯队思想的实践难度最大，业务变化、经营波动会直接影响梯队建设工作，缺乏必要的专项资金和师资力量等资源支持，人才梯队工程则面临中断风险。由于人才梯队系列工作投入资源多、培养周期长且难以经济效益来衡量，导致相当多的组织忽视了人才梯队建设。政府机构、公共事业单位、集团型企业、行业头部企业是人才梯队建设的主力军，应持之以恒地滚动培养梯队人才从而为自身和行业、为社会和国家输出多层次的人才。

七、缩短职业成长周期

组织决策人不仅要考虑让优秀人才和高潜人才脱颖而出，还应采取措施让优潜人才快速成长和输出业绩。如果一名组织成员能力突出、业绩表现可圈可点，只要程序基本正确，那么在用人单位、业务指导和组织发展部门一致同意的情况下，即可大胆破格提拔。

组织对成员职业生涯的管理标准通常偏理想化，要求人们完美符合标准、完全符合程序，抑制了人才成长的速度。在同类岗位上，优潜人才的能力和业绩高于组织成员的平均水平，相较于组织其他成员具有跳跃式成长的表现。组织只有缩短优秀和高潜成员的职业成长周期，鼓励挑战、评估成绩并大胆擢晋，才有机会实现人才资源的优化配置。即使组织有意缩短优潜成员的职业成长周期，升调安排基本符合标准和程序还是必要的。

破格提拔建立在重大立功表现、绩效表现优异、成功解决业务或技术难题基础上。对于常规岗位、例行工作的人，组织没有任何理由破格提拔。组织应鼓励成员积极接受超出平均水平的目标或任务挑战，以超出正常升调所需周期的破格提拔举措缩短组织优潜成员的职业成长周期，从而有效激励优潜成员为组织做出突出贡献。

八、扬长容短使用人才

人人都是评论家，且容易看到他人短板。完美的人才是稀缺的，有性格缺陷或能力短板的人才更为常见。组织发展专家可以绘制理想的人才画像，但须正视现实。用人单位与其盯着成员的短板边使用边指责，不如发现成员的擅长从而积极任用和搭配以取长补短。

扬长容短是组织人才管理的核心思想，扬长是组织出于组织利益考量的积极行为，容短是组织认清现实的理性选择。组织应优先关注和主动管理高绩效、高潜能成员的职业生涯周期，善用其长包容其短，通过人才的互补搭配和分配激励推动关键少数群体创造突出贡献。组织永远需要关心和激励最有前途的职员，互利共赢前提下对其缺点给予足够的包容。扬长容短的前提是组织与个体之间的利益休戚相关，最差也不能出现零和博弈局面。

第五节 适用范围与用途

一、五种职业发展通道的适用性

五种职业发展通道中的业务、专业、技术、管理四种通道具有广泛的适用性，各类组织根据自身规模和业务特性具体设计职层职级体系。组织的发展阶段、业务特性、技术含量等特征决定了职业发展通道设计与管理的侧重，人才流动的有序性是组织发展的基本追求。

以非财政补贴或非公益捐助为主的组织自然要承担经营压力，业务的连续性与经营的稳定性直接决定组织能否正常运转和健康发展，其决策群体主要由各级业务负责人（业务经理）、各级经营班子（经营经理）组成，其他通道关键岗位人才作为重要补充。

专业通道涵盖了业务支持职能，但不包含研发、生产、制造产品所需的核心技术。理论上专业通道可以覆盖所有无营业收入或仅有零星收入的专业支持部门。专业通道的重要性相对于业务通道而言是降级的，条件不具备的组织应集中有限的资源构建关系组织生死存亡的业务通道，以及构建提高技术壁垒的技术通道。

技术通道特别适合知识密集型组织，科研机构、高新技术企业青睐技术人才，优先向技术人才倾斜薪资待遇和职业发展机会。技术领先或先进程度、技术成果数量与质量、技术成果的商业转化水平，是知识密集型组织成功构建高技术壁垒的基本标志。关乎技术人才职业生涯发展的技术通道设计与管理，其重要性相对于业务通道来说只增不减。传统劳动密集型组织、资本密集型组织同样需要技术力量的加持，依靠科技力量和信息化建设推动组织管理模式的转型升级。技术通道的职层职级设置与组织规模及技术含量直接关联。不是所有类型组织都需要完整的技术通道职层，对于劳动密集、资本密集型组织而言，学徒、技能操作和技术应用三个职层完全够用。

组织发展团队科学合理设计管理通道职层职级，并对管理通道的人才流速与流量作了相应限定，无疑从结构和规则上明确了组织对成员职业生涯的引导思想。组织重点鼓励成员走业务、专业、技术通道等非管理路径，避免优秀人才和高潜人才过于关注管理晋升机会。组织发展团队应从薪酬待遇、福利关怀、身份地位和荣誉等多方面合理提高其他职业发展通道的职级吸引力，让有一技之长的成员找到适合自身的职业角色定位。职业发展通道不同，各类岗位薪酬结构有所差异，体现通道属性和职级水平。无论是否正式设计和公布管理通道，并不影响管理职务在组织中的实际存在。

组织如能设计并运行顾问通道，持续投入培养管理顾问、咨询师人才，必能从人才反哺中获益良多，还能推动行业或产业的长足进步。他们所做的贡献或能产生局部突破或全局变革性影响，否则就没有独立存在的必要。顾问通道适用于行业头部企业、咨询顾问机构。

二、升调与降调流动规则的调节价值

职业发展通道及其职层职级只是规定了人才内部流动的路径，还需要升调、平调、降调流动规则才能让组织成员有序流动。升调、降调涉及向上流动、向下流动，触及人的核心利益，难度和影响面大于平调。组织发展团队重点设计升调、降调规则，以此调节不同通道人才的流向和流速。

技能鉴定、职称评审、公开竞聘属于典型的规则与程序完全公开透明的升调方式，遵循高标准、严谨程序、经得起质疑的原则。技能鉴定、职称评审圈定了岗位工种，如中西餐厨艺、药物检验、程序开发、动画制作、珠宝首饰加工、机电维修、消防、教学、医护等工种，组织通过年度晋级名额释放、定期鉴定评审活动、薪资待遇调整举措鼓励组织成员在技术和专业通道深耕。业务条线的升降级管理严格意义上不能称为技能定级管理，而是基于业绩数据的升降级，与业绩达成与否、业绩排名情况直接挂钩。基于业绩的升降级活动虽然与技能间接有关但并非必然的因果关系。

缺编补位是管理岗位的通行做法，代岗试用、述职质询才是规则。代岗即代理职务，指临时代行某个岗位权责。代理管理职务影响面大，释放的职务异动信号强，代理期满述职通过则正式晋升定岗。规范的人事任免标准及程序不仅体现了组织对人才任用的严谨态度，也限定了各级决策者的权力边界。

关键管理岗位人员的内部选拔，组织应采取慎重评估、充分讨论、投票决定的原则。推选部门正职或副职候选人的部门包括上级部门、业务指导单位、组织发展部门及用人部门。董事会成员、公司经理的人事任免遵循公司章程规定。升降调规则不仅规定了提议人选的部门范围，还明确了组织考察、投票表决等程序。规则的设计和运行约束了各级管理者的用人倾向，于决策层面增强了多方评估的纠偏作用。

一名成员具备必要的条件则有机会被纳入后备干部名单。对于急速扩张的组织，建立一支后备干部队伍能够解决人才供应和管理输出的紧迫性问题。通过信息化手段固化规则，减少过程中的人为干涉因素。外派规则以激励为主，组织为外派人员提供外派补贴、后勤保障，规定外派的最短和最长期限。外派规则的作用在于让每一位有机会外派的人做出倾向于外派的职业选择。

重大立功表现一定是非常态事件，其紧迫性、难度系数、影响面超出常规事项。有机会立功的人所付出的智力、身体等代价远超常人——科研人员取得关键技术突破、刑侦人员破获重大刑事案件、物业人员在全体业主大会表决支持下提高物业费单价、招商人员成功招商引资百亿工程项目，诸此种种，在不同组织中可视为重大立功表现。组织对于重大立功人物或团队不但给予公开表彰，更要在物质奖励方面毫不吝啬、在职业发展方面大胆擢晋。重大立功表现的规则设计首先在于"重大"的界定，其次是专项奖励的额度，最后是晋级晋升的跨度（原则上不设限）。与重大立功相对应的是重大过错和专案无果，只要符合法律法规，组织依据规章给予主要当事人降职降级处理就理所应当。

管理岗位任职到期后，直接降职不如免职（不再担任管理职务）的方式平滑。组织成员由于年龄和身体因素不能胜任岗位自动触发降职调整或不再担任管理职务的规则，适用于所有类型的组织。组织的关键管理岗位需要身体健康和精力充沛的组织成员担任，这样才能保证连续稳定性正常履职。民营企业的组织结构调整周期短、动作幅度大，结构调整与人员落位之间快速联动。全国布局或跨国开展业务的组织，人员流动会产生业务和职能、边疆和内地、海外和国内互转互调的情况。组织鼓励职能转业务、内地调边疆、国内调海外，通过正激励举措鼓励人们接受挑战性任务、克服艰苦条件，通过负激励措施让反向操作的人付出必要的代价。

主动辞去管理职务多见于下属犯重大过错、负重大事故领导责任、能力不胜任等情形下的自我问责。组织接受当事人辞去管理职务并简短通报请辞信息，保留组织成员身份和保留职级待遇属于组织给予请辞人的体面留用方式。

职业发展通道流动规则囊括了升调、降调、平调三种规则，笔者重点提出并详细阐述升调和降调两种规则的设计思想。规则设计者将鉴定、评审、代岗、竞聘、推选、投票、候补、问责、请辞、裁撤、转业行为与升调降调动作通过规则建立必然、或然的逻辑联系，刺激、牵引和约束人才有序流动。组织面向全体成员设计和运行职业发展通道及通道流动规则，优秀人才和高潜人才以晋升调动、退居二线升调、名誉性升调形式主动向上流动，以向核心岗位实权平调的形式平行流动；问题人员、绩差绩劣人员及因客观因素无法正常履职的人员以降职调动、降级调动、降职降级调动、免职处理形式被迫向下流动，从而实现人才资源的优化配置。

让每一位组织成员愿意在工作平台上用心规划职业路径的前提是，组织拥有良好的发展前景和必要的生存保障，并愿意公开分享组织蓝图、职业发展通道。规则不能解决所有问题，所以思想信仰、道德文化层面的光辉在任何时代、任何政治制度下都不过时，具有永恒的自律意义。

名词解释：

组织：有目标共识、有运作规则、成员协同工作的集体单位，政府机构、公共事业单位、企业、社会团体是常见的组织形态。

组织成员：在组织登记在册的、建立汇报关系和分工协作关系的、参加组织活动的成员，包括正式成员和临时成员。

公共事业单位：由财政拨款或补贴的、承担社会服务责任、带有社会公益性质的组织，如公立医院、公立学校、国家科研所、市政文化场馆等。

晋级：纵向发展、与专业能力进步密切相关的、组织内部向上流动的职业变动模式，不必然与职务变动挂钩。

晋升：纵向发展、与管理能力进步密切相关的、组织内部向上流动的职业变动模式。

工作平台：能为人们提供就业机会的组织。

工种：根据工作内容相近性、工作性质相同性划分的工作种类。

扬长：发挥个人或团队的擅长。

职业发展通道：抽象概括，即人们在职业生涯过程中的职业发展方向、规划与职业成长路径。

职层：根据岗位责任、职务影响力、薪酬结构、汇报链条等差异大致区分的职位层级，操作层、基层、中层、高层，执行层、管理层、决策层（领导层）是常见的两种职层划分方式。

职系：又称为序列，将工作性质相同、工作内容相关的岗位归并为一列，即职位序列，业务序列、技术序列、管理序列是常见的序列划分方式。

职级：在职位序列基础上根据工作内容深度、能力要求、工作挑战性、工作责任、资历不同划分的梯次等级。

职等：根据岗位责任、职务影响力、薪酬结构、汇报链条等差异细致区分的职务等级，能够跨序列比较职务的等级。

职组：又称为职族、职群，多个工作性质相近职系的归类。

知识密集：知识和技术要素在创造价值过程占主导地位。

劳动密集：以劳动量消耗为主要特征的劳动力要素在创造价值过程中占主导地位，对知识和技术要素依赖程度低。

资本密集：以投资数额及资本投入占比较大、投资回报周期长为主要特征的资本要素在创造价值过程中占主导地位。

内化：在社会风俗习惯和组织文化影响下，个体行为逐渐转化为个体的心智模式、三观认知。

铨叙：根据资历（学历、从业年限、工龄、业绩贡献等）纳入职系职级岗位体系管理。

宽带薪酬：与垂直型薪酬相反，薪酬等级（工资级别）减少、各薪酬等级的范围（包含月薪、年薪）放宽的一种薪酬体系。

高新技术产业：以技术要素为经济活动驱动的知识密集型组织的集合。

管理幅度：管理者管理直接下属人数的边界。管理层级减少，管理跨度相应加大；管理层级增加，管理跨度相应减小。

特殊工种：操作不当会直接对生命健康造成重大危害的特殊种类工作，如动电、高温、高空、井下、爆破、危险运输、有毒环境作业，这类工作中的员工必须持证上岗。

职称：指专业人员、技术人员的专业技术水平等级称号，如教授、经济师、医师、会计师。

职业资格：从业资格和执业资格的统称。

从业资格：指从事某个工种所需专业知识技能的水平等级。

执业资格：指从事某个工种所需专业知识技能的准入资格。

专案：指定专人或成立专项小组主办的要事。

关键岗位：支撑组织战略目标、承担组织生存发展功能、实现经济效益和其他综合效益的岗位，包括承担组织绩效责任的业务岗、经营岗、中高阶管理岗、核心技术岗位。

下　篇
思维方式与工作方法篇

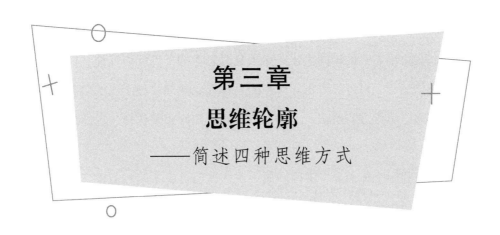

第三章
思维轮廓
——简述四种思维方式

第一节 浅说思维方式

一个人的惯性思维方式会影响其语言行为表达方式，一个民族的文化传承会影响该民族的思维方式。组织主要决策成员的思想理念与思维方式会对组织文化的塑造起到至关重要的作用。研究和掌握丰富的思维方式，灵活应用于自然研究与社会活动中，对个人而言有助于完善个体性格与认知、消除职业发展瓶颈，对组织而言有助于提升效能、达成目标、解决问题。

一、思维方式定义及内涵

思维源自于生命体接收外界信息后的内在反应和认知。生命体的大脑或其他重要器官负责接收、处理、应对外界信息。低等生命体的反应多为条件反射，高等生命体的内在反应和认知则能够深度加工。

思维方式指思维主体对接收到的外界信息的认知处理方式，思维方法、思维形式是思维方式的等同表述。无须延时思考的条件反射反应、信息传递引发的情绪感受、对外界实物等信息的具体形象感知、基于原始信息的抽象思考，都属于思维方式范畴，上述对信息的认知方式及认知过程即思维活动的方式。

思维方式因个体而异，又因同属一个族群而具有普遍相似性。人类的理性思考和社会生活促进了语言交流，催生了记录大自然和人类文明的象形图符、表音符号、混合文字、数学语言，持续强化了人类理性和感性的不同方面。

二、常见思维方式

人与人之间的交流包含思维方式的碰撞，如模糊思索与精确思考、经验推断与逻辑推理、割裂认知与系统思考等。处理同一类事件，不同人所运用的思维方式亦不相同——司法工作者善于运用证据思维，技工善于运用工具思维，艺术家善于运用想象思维。思维方式因人们的专业领域、阅历因素千差万别。

思维方式分类并无固定标准，常见有对立式、发展式、相关式等类型。具象与抽象、理性与感性、精确与模糊等属于对立式分类；从经验定式到创新突破、从本能反应到社会认知权衡等属于发展式分类；严密与闭环、条目与模块、片面与短视等属于相关式分类。关于人类思维方式的科学分类方法仍需要学术界积极探索。笔者对于思维的分类主要受黑格尔逻辑学启发，将抽象和具体的关系、完全对立、辩证统一等思想在思维方式分类方面作为指导思想之一。

三、关于思维方式的长期思索

当一个人跨多职能线条管理或从事较强专业领域工作时，思维方式的价值愈加凸显。劳动者运用不同的思维方式，在管理或专业领域所取得的成效有着天壤之别。之所以在人际沟通中产生各说各话的现象，就在于人们之间交流不同频、背后的思维方式对立或具有明显差异。

笔者执着于探索思维方式，笃定思维方式对个体及组织发展有重要作用。突破思维方式乃改造自己、改造组织的重要举措。人们研究和掌握丰富的思维方式，重新认知自己、认知组织、认知团队、认知问题、认知挑战。

无论是在工作还是生活中，人们会持续接收大量的信息。在工作场景、作业程序不变的前提下，熟练工人借助惯性思维方式反能显著提高工作效率，此时惯性思维是有益的。人们都有自己的惯性思维方式，在处理人际关系或事件时，依赖经验无法应对新情况，但人们通常以固化的思维习惯尝试处理一件已变化了场景的新事件。

思维既受限于惯性思维方式，也受限于个体自身所掌握的思维方式的丰富程度。惯性思维的反复强化增加了人们认知和处理问题的特定倾向，并且让一些个体躺在思维的舒适区而不愿意付出代价学习和运用其他思维方式。

笔者关于思维、思维方式与生命体的思考既有宏观方向的，也有微观方向的。人类的思维方式深刻影响了个体的性格呈现。笔者认为，生命体的预警、逃生、对抗、求救、乞怜行为背后存在思维指令，其实已转化为器官功能，能够实现条件反射式反应。原始的低级思维与高级思维活动是有差异的，前者无须延迟发出指令。

欲望是生命体进化的本能，包括原始生存欲望和高级享受欲望。自然探索兴趣和人际交往意愿极大丰富扩展了思维方式，让人类有机会摆脱低级思维的束缚，拥有高级思维方式。少数人从下意识地运用思维方式阶段上升到有意识地主动研究应用思维方式阶段，并积极尝试描绘人类思维方式全貌。

四、勾勒思维轮廓、掌握思维导航的必要性

从零碎认知转变为系统描述，是知识体系化的必要进程。如不尝试全面描绘思维轮廓，那么人们对思维方式的运用就始终处于碎片化状态。每个人都用自己的思维方式与其他人打交道，而在思维方式差异较大情形下很容易产生分歧、争执，沟通中的冲突容易导致工作效率下降、内耗增加。在组建团队方面，管理者若不能理解思维方式的多样性、不能洞悉掌握团队成员的不同思维习惯，必然导致团队成员分歧增加、凝聚力下降。

人类只有清晰描述思维方式全貌，才能实现对思维方式的主动管理。对于不同学科人才，学校可强化特定学科所需的思维方式；对于不同行业人才，企业可侧重岗位所需的主要思维方式开展训练活动。若要系统地描述思维方式，需先勾勒思维方式轮廓、掌握思维导航，然后逐步精确描绘全貌。

勾勒思维轮廓，是思维主体对自身智力活动的概括性认知；掌握思维导航，让思维主体能够在自身智力活动中实现思维视角的自由转换。勾勒思维轮廓，人们可以对思维方式进行分类，从而与自身的思维方式进行比对，发现自身思维缺陷并量身定制学习训练计划，组织则可以通过研究分析决策与管理成员群体的普遍性思维方式发现问题和风险隐患并针对性改进。掌握思维导航，人们可以快速定位和转换思维方式，根据工作性质选用合适的思维方式，提高个人及组织的效率、效能。

第二节　探索性发现：思维金字塔与思维轮廓

数十种思维方式以某种关联形成一个整体，又各有差异。基于对立式、发展式、相关式分类及层级包含关系视角，笔者提出思维大脑组成假说，进而在生命体和思维共同进化的假说基础上勾勒出一幅思维轮廓图谱（以下简称思维轮廓），呈现人类的主要思维方式。思维大脑的其中一部分为生命体普遍拥有的本能反应，另一部分为高等智慧生命体所拥有的思维方式。

一、思维大脑

人类的思维方式由四个基本维度构成：生存脑、动物脑、艺术脑、科学脑，它们分别代表了进化、情感、形象、理性四种思维方式。其中，进化思维为下意识条件反射和遗传进化，情感思维为大多数动物所具有的社会化思考方式，形象思维和理性思维代表生命体的高级思维方式，同时拥有形象和理性思维的高等智慧生命体可以创造和传承文明。

（一）生存脑

生存脑（进化思维）：与繁殖和进化有关，是主体基于生存需要（存活）的条件反射式反应。受到外部生存环境的冲击后，生命体为了适应新的生存环境，保留和增强实用的技能，去除或退化无用的技能，避害求生记忆及相应技能得到进化遗传。进化思维属于无须延迟思考的思维方式。生存脑只是一种高度概括思维方式用途的形象表达。

进化的目的是生存适应，因此称之为生存脑，生存脑控制了生命体的生存记忆、生存意愿、器官功能弃用或改进行为。鉴于生存是一切思考的基础，生存脑的运转方式通常并非延迟性的，而是受到身体内外部信号的激发时无须延迟思考即可实现认知反应，生存脑范畴的思维方式通常写入了生命体的基因中，化为了组织器官的功能，实现了自主运作、条件反射。

（二）动物脑

动物脑（情感思维）：与社会群体活动有关，是主体基于外界刺激的情绪感受及情绪化处理方式。主体在受到外界刺激时能产生反应、能够自主运动、可释放情感，具备社会群体性交流能力。人的情感思维超出了基本的生存繁衍所需，能增进人的积极行为，强化生存繁衍和社群交流意愿。

主体可通过情感思维活动释放信任、依赖、服从、逃避、思念等信号，实现情感的传递并获得回应。

（三）艺术脑

艺术脑（形象思维）：与具体形象认知有关，是主体对客体的具象感知及形象化处理方式。拥有感觉器官是人类产生形象思维活动的基础。人们通过视觉、听觉、触觉、嗅觉、味觉等功能将获得的外界信息加工形成感官认知。由于感觉器官的差异，即使每个人接收到同样的信息也能加工出不同的感受。

除了感觉器官，对于具体现象的模仿，是人具有形象思维的又一重要证据。如人类模拟蝙蝠、蜻蜓制造雷达和飞行器，体现了模拟思维的实用价值。

人类还能够根据获得的外界信息做出联想，甚至对于抽象思考无法解决的问题通过联想、想象取得突破。建立和发展仿生学科，更是人类对形象思维的高水平运用。在形象思维的加持下，人类在音乐、绘画、剪纸、书法、舞蹈、雕塑、建筑、摄影、文学、影视剧等方面所取得的成果数不胜数。

（四）科学脑

科学脑（理性思维）：与抽象思考有关，是主体对客体及客体之间关系的抽象加工处理方式。既有逻辑、系统、精确、创新思考，又有割裂、碎片、模糊、经验思维活动，都属于理性思维范畴，呈现形式偏抽象。科学脑反映了人类的智商程度，与逻辑、结构、系统、工具、创新有关的思维活动方式，属于理性思维的深加工，而常见的碎片化、模糊性、经验式思维活动则停留在理性思维的初加工层面。

人类强大的科学脑离不开语言文字和数学的支撑，完善的语言文字系统和数学描述推导得以让知识体系不断扩展和传承。人类个体的理性思维活动通过语言文字（包含数学语言在内）呈现于纸质/电子媒介上，突破了口口相传的局限性。

理性思维中的碎片、割裂、模糊、经验等具体思维方式在日常生活比较常见，经常运用这些初级思维的人们占据了大多数。有研究发现，普通人最先是情感动物和初级理性动物，情感思维、初级理性思维的运用对大脑容量及运转速度要求不高，思考延迟周期亦短。人类的语言文字已经发展到抽象符号阶段，精密制造、尖端技术设备业已达到智能化自主运算处理阶段，科学脑创造的物质文明持续将人类文明推向一个又一个新高度。

二、思维模型

笔者根据思维大脑假想构建思维简易模型，进化、情感、形象、抽象思维以内在联系梯次组成思维模型。既然可以按思维的等级建立思维金字塔，那么也可以按思维的延展建立思维扩展模型。

（一）思维金字塔

以生存脑所代表的进化思维为思维金字塔底座，以动物脑所代表的情感思维为思维金字塔主体重要组成部分，以艺术脑、科学脑所代表的形象思维、理性思维为思维金字塔的塔尖及中腰，从而搭建出简易直观的思维金字塔，具体如图 3-1 所示。

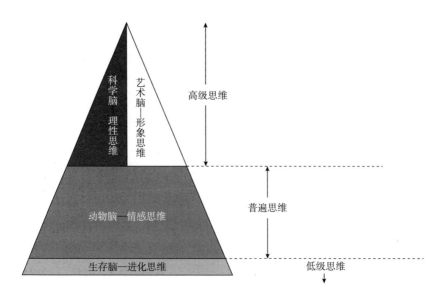

图3-1　思维金字塔

　　笔者根据思维活动的加工深度和延迟性特征将思维方式划分了三个等级，人类掌握了"金字塔"所示的全部思维方式。人的思维活动离不开思维器官载体及其他可接受外部信息的器官的支持，人类借助自身的理性及形象思维智力创造了地球文明。

　　（二）思维扩展模型

　　除了用思维金字塔呈现思维大类，笔者还按照思维的延展属性构建出思维扩展模型。生存进化、科学理性共同组成左半脑，代表理性发现与生存世界；动物情感、艺术形象共同组成右半脑，代表感性表达与享受世界。具体如图3-2所示。

　　左半部分思维是人类生存发展的基本支撑，进化思维一旦缺失，个体、种群经不起环境改变带来的冲击，终将走向消亡；而理性思维退化或停滞时，个体、种群势必受限在某个时空，技术再难突破，文明日渐衰落。右半部分是人类活着的精神支撑，情感思维的缺失，会使社会交流变得生冷苍白，不再有趣；形象思维的退化，会让社会生活失去绚烂色彩，人类精神变得匮乏。

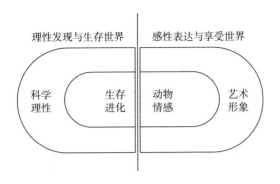

理性发现与生存世界　　感性表达与享受世界

科学理性　　生存进化　　动物情感　　艺术形象

图 3-2　思维扩展模型

三、思维方式轮廓图谱

思维模型所展示的进化、情感、形象、理性思维为高度概括的思维分类概念，还需要能够具体运用的思维方式。笔者在上述思维金字塔、思维扩展模型两种呈现形式基础上进一步绘制思维方式整体轮廓图谱，以提高思维研究的应用价值。

理性、形象、情感、进化思维属于一级思维，各自分解出二三级思维方式。逻辑、结构、碎片、系统、割裂、数据、精确、模糊、解决、工具、经验、突破、实验、证据思维属于理性思维框架下的二级思维；感官、印象、联想、想象、模拟思维属于形象思维范畴；幻想、本能、社会认知、情感寄托属于情感思维范畴；记忆、实用、求生思维属于进化思维二级分类。从思维方式的实践应用视角出发，笔者绘制了三级制思维方式分级图谱，以关键词概括每一种思维方式，组成思维家族。思维方式轮廓图谱（以下简称思维轮廓）如表 3-1 所示，共纳入四大种类（一级）、26 小类（二级）、107 个（三级）具体思维方式。

表 3-1　思维方式轮廓图谱

一级	二级	三级
理性思维 （抽象思维， 60个）	1. 逻辑思维	（1）公式思维（公式运算）
		（2）线性思维（正向逻辑推理、逆向逻辑推理）
		（3）严密思维（弥合逻辑漏洞）
		（4）闭环思维（过程—结果闭环或循环）
	2. 结构思维	（1）条目思维（内容要点）
		（2）模块思维（结构组成）
		（3）要素拆解思维（拆零）
		（4）要素组装思维（组整）
	3. 碎片思维	（1）零星思维（零散）
		（2）撕裂思维（扯碎）
		（3）杂糅思维（散装）
	4. 系统思维	（1）要素关联思维（弱关联思维、强关联思维）
		（2）资源整合思维（有机整合）
		（3）关联预见思维（预测预判）
		（4）关联追溯思维（关联倒追）
	5. 割裂思维	（1）孤岛自闭思维
		（2）片面认知思维
		（3）资源闲置思维
		（4）短视思维
		（5）静止思维
	6. 数据思维	（1）原始数据思维（初始数据）
		（2）碎片化数据思维（零散加工数据）
		（3）结构化数据思维（加工数据，技术语言）
		（4）大数据思维（商务智能数据报表思维，业务语言）
	7. 精确思维	（1）术语定义思维（确定边界）
		（2）定性描述思维（确定性质）
		（3）定量描述思维（确定数量）
	8. 模糊思维	（1）差不多思维（模糊判断）
		（2）边界模糊思维（交叉重叠）
		（3）粗算思维（匡算思维）

一级	二级	三级
理性思维 （抽象思维， 60个）	9. 解决思维	（1）落地倾向思维（执行）
		（2）解决问题思维（解决）
		（3）预案思维（消患）
		（4）方法策略思维（效率效果）
		（5）路线步骤思维（程序）
	10. 工具思维	（1）标准化思维（固定动作）
		（2）程序思维（固定作业流程）
		（3）模板思维（固定格式）
		（4）作业装备思维（作业工具）
		（5）傻瓜智能思维（自动化操作）
		（6）人工智能思维（AI）
	11. 经验思维	（1）定势思维（习惯性下意识思考方向）
		（2）笼子思维（高墙思维）
		（3）检索记忆思维（案例/场景回忆）
		（4）阅历（经验）指导思维
		（5）教训警醒思维
	12. 突破思维 （创新思维）	（1）新理论假设（常识延伸假设）
		（2）反向假设（质疑常识，常识相悖假设）
		（3）大胆猜想（超越常识，待证实的全新假设）
		（4）变革思维（破旧立新）
		（5）破框思维（打破常规—破定势、破笼框）
		（6）灵感思维
	13. 实验思维	（1）模拟测试思维（实验室）
		（2）试点测试思维（试验田）
	14. 证据思维	（1）事实陈述思维
		（2）案例陈述思维
		（3）人证思维
		（4）物证思维
		（5）书面证据思维
		（6）电子证据（文字/音频/视频）思维

◆ 管理与人力资源实用方法

续表

一级	二级	三级
形象思维（具象思维，20个）	15. 感官思维	（1）符号视觉感官思维（文字感知）
		（2）形象视觉感官思维（图像感知）
		（3）听觉感官思维（声音感知）
		（4）触觉感官思维（接触感知）
		（5）嗅觉感官思维（气味感知）
		（6）味觉感官思维（味蕾感知）
		（7）其他感官思维
	16. 印象思维	（1）第一印象思维（首次印象）
		（2）相处印象思维（持续印象）
		（3）情景印象思维（特定场景印象）
		（4）道听途说轮廓思维（模糊印象）
	17. 联想思维	（1）类比联想思维（相同或相似性质联想）
		（2）递进联想思维（层递联想）
		（3）反差联想思维（反差对比联想）
		（4）记忆联想思维（记忆信息联想）
	18. 想象思维	（1）自由想象思维
		（2）定向想象思维
	19. 模拟思维	（1）行为模仿思维（观察模仿）
		（2）角色扮演思维（角色代入）
		（3）情景再现思维（场景还原）
情感思维（17个）	20. 幻想思维	（1）无根向往思维
		（2）梦思维
		（3）超现实思维
	21. 本能思维	（1）同情思维（向善思维）
		（2）趋利避害思维
		（3）自私思维（守护既得利益）
		（4）贪婪思维（争夺额外利益）
	22. 社会认知思维	（1）期待被欣赏思维
		（2）欣赏认同思维
		（3）风俗习惯思维

126

续表

一级	二级	三级
情感思维（17个）	22. 社会认知思维	（4）舆论漩涡思维（舆论风向观察、舆论风向引导、舆论风向操纵）
		（5）依赖思维
		（6）信任思维
		（7）服从思维
	23. 情感寄托思维	（1）愿望思维（夙愿）
		（2）思念思维（思人，思物）
		（3）信仰思维（宗教信仰、民族信仰、党国信仰、个人信念信仰）
进化思维（10个）	24. 记忆思维	（1）逃生记忆思维
		（2）痛觉记忆思维
		（3）知识储存思维
	25. 实用思维	（1）有用保留思维
		（2）有用增项思维
		（3）无用废弃思维
	26. 求生思维	（1）求生预警思维
		（2）求生对抗思维
		（3）求生求救思维
		（4）求生乞怜思维

四、思维方式与人活着的意义关系探讨

所谓活着的意义，是拥有丰富思维活动的人类提出的，为宇宙生命存在的价值提供了注解。生命体进化的目的就是在不断变化的环境中求得生存和繁衍。作为生命体，生存是第一要义。概念中的“生存脑”需要根据周边环境的变化持续进化，这样生命体才能适应环境和不断繁衍。生命个体保持旺盛的生命力、逃避各种危险，从而延长生命周期。存活下来的生命群体在繁衍后代过程中不断进化，从而实现族群的兴旺。于社会群体中存活并发展的

人类彼此交流释放情感，面对其他物种的威胁（或善意）时也会释放情感，协作、警告、反抗、投降、服从、信任、思念等情绪信息的传递无不展示了情感思维的智慧，对个体或族群的生存繁衍有着不可或缺的作用。人类的情感思维表达为自然界增加了感性的色彩，为生命体的存活过程增添了意识意义。

在已知生命体范畴，人类属于高等智慧生命体。借助复杂的大脑构造、丰富的营养供给等多重支持，人类除了追求长寿、繁衍子嗣、表达情感外，在科学脑、艺术脑的驱使下致力于传承祖先的科学智慧和文化艺术成果，并尝试改进和丰富既有的技术及文化，同时用心发现或大胆创造全新的科学文化艺术成果。不仅如此，在生存无虞、解决温饱问题后，更多人在生产力提高、社会经济繁荣的大背景下追求享受高质量的生活。由此可见，延续文明和享受生活是人类为自身发展赋予的根本意义。

总之，人活着的基本意义——繁衍、长寿，人类的生存及繁衍行为受生存脑、动物脑的思维方式支配；人活着的根本意义——延续文明、享受生活，人类的文明创造及生活享受行为受科学脑、艺术脑的思维方式支配。

第三节　思维轮廓阐述

思维轮廓中共有四大种类思维，分别是理性思维、形象思维、情感思维、进化思维，谓之一级思维，在一级思维基础上衍生出 26 小类二级思维。限于篇幅，笔者着重阐述 26 小类二级思维。

一、理性思维（抽象思维）

（1）逻辑思维：人们遵循事物发展进程，按照一定推理关系理顺先后顺序的思维方式。逻辑推理最忌逻辑漏洞，因为它会导致逻辑不能自洽。逻辑推理过程冗长复杂则容易在某个环节发生缺漏，导致逻辑不严谨。人们的逻辑思维能力通过反复训练可以得到强化。逻辑思维要求一个人抽象概括、分析、推断的严谨性，因果关系是逻辑推理的基石。因果关系的逻辑推测未必与观测结果相符，事件之间是否存在客观性必然联系，值得进一步研究论证。演绎、归纳是逻辑推理的常见方式，前者是从一般到特殊的推理，后者是从个别到普遍的推理。

根据用途，逻辑推理的严谨性有基本严谨和绝对严谨之分。自然科学领域需要绝对严谨的逻辑推理，避免"差之毫厘，谬以千里"；社会科学及人文学科领域则掺杂了人性心理、资源消耗、工作效率多重因素，允许逻辑推理中存在不伤及根本的瑕疵。逻辑思维是人们认识宏观世界和微观宇宙运行的基本思维方式，逻辑思考和观测发现是科学理论的起点，理论假设和客观验证是科学发展的阶梯。

（2）结构思维：人们将接收到的零碎信息进行高度概括和条目化、模块化加工，或将接收到的整体信息进行有序拆解再组装的思维方式。人们每天接收到的信息通常都是无序的、碎片的，需要梳理，将信息按类标号分拣整理、按一定规则拼接或拆解，把无序的、碎片的信息转化为分门别类、有序的内容。梳理内容形成大纲条目，划分内容模块，对各种要素不断拼接、拆解、再拼接，这些都属于结构化思考活动。

高度概括要素概念、厘清"母子孙"隶属关系，是结构思维活动的基本内容。将流程要素无限分解和整合集成的工作方法，建立在结构及系统思维基础上。研究者通过结构化分析数据，发现某个要素的价值；管理者通过结构化调整机构，提高组织资源利用率……结构化思考让人们更容易理解人类所处的世界，也便于掌握和运用知识体系。

（3）碎片思维：人们将碎片化信息进行碎片化处理，或将整体信息进行碎片化处理的思维方式。人们对接收的信息无加工或无序加工，反映出一个人零星的、撕裂的、杂糅的思维特征。碎片化思维表示人们未能对所掌握信息进行有效整合，任凭信息以零碎、无序堆叠的形式在大脑中传递，不存在深加工的智力活动。

运用碎片思维的人做出的决策无法让组织团队信服，该决策反映了一个人思路的无序程度。惯于运用碎片思维的人思考短暂而无规则地跳跃，容易被局部信息、信息陷阱所迷惑，很难统揽全局或窥透事物的本质。

（4）系统思维：人们发现事物、要素的内在联系，并将其系统关联思考的思维方式，包括系统要素关联、资源整合、关联预见、关联追溯等。系统思维以发现和运用关联关系为主要特征，横向关联、发展关联是关联关系的主要表现方式。系统思维方式反对碎片化、割裂式思考，强调全面深入、动态发展的综合性思考。事物、要素之间既存在弱关联关系，也存在强关联关系。当各种元素在一定条件下聚集到一定规模或比例结构时，会产生某种反应（如裂变和聚变、分解反应和化合反应）。要素种类、数量不变，系统关联的方式不同，产生的结果状态亦迥然相异。大到宇宙，小到肉身，微到粒子，其运行必然有内在规律的约束。依照人类当前智力水平，不是所有的规律都在人们的认知范畴内，也并非所有的猜想都可以通过观测和实验得到验证。人类的时空视野、思维方式限制了文明进阶。

人们所拥有的知识沉淀、阅历体验、信息量是增强或削弱系统思维的关键要素。知识沉淀不够，一个人即使能模糊感受到某两者之间的关联但却难以准确描述；阅历积累贫乏，一个人对社会活动知识体系的认知就会停留在"知道和理解"层面，而不能达到"融会贯通"程度。只有拥有足够的信息量才能让一个人做出全面的分析判断，而不至于误判、错判。

系统思维、逻辑思维、结构思维都属于人们经常运用的高级思维方式，处于金字塔理性思维组成部分的顶端、思维的高级延展。人们掌握和运用理性思维中的逻辑、结构、系统三种思维方式，可以解决自然科学、社会科学和日常社会生活中的常见问题。

（5）**割裂思维**：人们将内在联系的事物、要素分开思考，或静态思考动态发展的事物、要素，或片面思考而忽视整体的思维方式。割裂思考的人既不能运用全部信息，也不能动态分析过程信息。屏蔽信息使自己处于封闭状态、只从局部视角看待事物、对周边资源的利用意识低下、只见当下不见未来、只能静止评判无法动态评价——这些都是割裂思维的具体表现。

割裂思考的人对世界的认知反应建立在静止状态、局部视野基础上，需要纯理论条件和温室环境支撑，但凡出现外力干扰因素就会使其思维活动的现实意义大打折扣。虽如此，但在某个时空背景下人类的思维活动仍有可能属于割裂方式，这源于我们无法突破自身感性感知或理性推测的时空。

（6）**数据思维**：人们在数据基础上开展整理加工、统计分析、预测决策的思维方式。数据思维方式建立在数据信息基础上，强大的数据思维需要数据库、数据报表、数据建模、分析方法的支撑，对数据的敏感性是数据思维的基础。人们只有将数据结构化、报表化并用业务语言形式表达，才能凸显数据思维的应用价值。

数据思维发达的人在日常工作生活中敏于发现数字信息、察觉数字变化，善于构建并利用信息系统、管理软件、各种数据报表、数据库为某种目的服务。人们用原始数据、加工数据表达观点，只要能确保数据来源的客观性、真实性和完整性，那么数据比纯文字更能赢得受众的认同。

（7）**精确思维**：概念清晰、边界分明、数字准确，可以明确定性、精细描述、量化表述的思维方式。精确思维讲究"能量化的必须量化，不能量化的足够细化，无须量化和细化的则明确性质"。精确思维强调概念精准、标准清晰、程序严谨、说明具体。善于运用精确思维的人拒绝笼统废话、模糊思考，能落实的明确答复，不能落实的亦不回避。

思考和给定边界，是精确思维活动的显著特征。若提出术语则须明确定义，若有概念则须加以诠释，若出现特定字词或典故则应加以注释，对于一般名词、缩略语、习惯用语需加以解释——研究学术、颁布法律、制定规章、解说方案都遵循此原则。擅于运用精确思维者很难忍受模糊状态，模棱两可的说法、含糊不明的决定让人无法准确理解和执行。精确是为了更好地深入研究、找到准确答案、维护社会秩序，同一项工作，运用精确思维所付出的智力活动负荷要大于模糊思维。

(8) 模糊思维：人们基于错综复杂环境下的模糊认知，概念模糊、边界模糊、无精确数字支撑的思维方式。在追求精确的路上，即使研究人员也不得不承认宇宙万物的联系太过复杂深奥，过程充满不确定性，无法穷尽计算。生活中的差不多想法也许是一种人际关系维护和处世智慧，学习及工作中的差不多想法却容易导致不可估量的损失，但也并非绝对——在不影响大局的前提下，匡算有助于快速获悉事物全貌和快速决策。

人们在模糊思维活动过程中所耗费的资源相对可控、效率高，只要不影响大局和不违反原则，在紧张对立情绪下的模糊思维或能缓和人际冲突。对于生活中无关紧要的事项，模糊思维还能缓和人际关系。在迅速变化的环境中，适当模糊的战略比精确战略更有韧性，战略决策者对于行动的管控只需把握总体方向即可。

(9) 解决思维：倾向于行动，围绕如何"贯彻设想/政策、达成目的/目标、解决问题/消除隐患"进行思考并提出方法策略、行动步骤、资源调配措施的思维方式。擅长解决思维者目的性强、追求效率、努力消除分歧、积极管控争议，并提出可操作的方法策略及路线步骤。

解决思维立足于实用主义，以行动落实取得效果。运用解决思维者中侧重于关注具有可操作性的方法措施、步骤，在现实环境中将想法付诸实践。指令能否执行、能否解决问题、能否排除隐患、用什么方法有效、遵循哪些程序步骤——这是解决思维活动的主要内容。

（10）工具思维：善于研发、制造、运用工具做事，研发和使用模具、软件，遵循人工作业指引或依赖智能程序生产作业，研发和推出人工智能（AI）自主学习、处理复杂问题甚至创造新生事物的思维方式。其他动物主要借助自身的身体构造、力量、技巧等生存，人类则会主动制造远超自身能力的复杂精密工具。从宽泛意义上讲，生产中的标准化/程序化/模板化、穿戴和使用装备作业、选择自动化操作或人工智能处理方面的思考活动，都属于工具思维范畴。

人类真正厉害的是制造精密仪器实物、开发设计虚拟软件的想法和能力，人们会借助各种工具研究自然科学、开采自然资源、巩固社会秩序、方便日常生活，工具思维已然成为人类社会活动中不可或缺的普遍性思维方式。

（11）经验思维：在特定的重复再现场景中，人们依赖自身过往阅历（包括成功及失败案例）思考的思维方式。经验思维有着具象场景、成功个案的搬用意识特征，只有某种经验足够丰富才在该领域具备普遍指导意义。从反应速度来看，经验思维活动接近于条件反射。对于特定的重复再现场景中的常见问题或工作任务，经验思维是一种高效、成功概率高的思维方式；对于全新场景中的新问题新任务，经验思维则是一种低效、成功概率低的思维方式。因为经验思维活动智力消耗少、行为模式简单重复，经常运用经验思维的人会对它产生依赖。

"我之前""我上家单位""我已做了很多次""我闭着眼睛都不会错"

"这个简单""这没什么难的"，类似表述实际上是习惯使用经验思维的人们的口头禅。无论是成功案例还是失败案例，只要是亲身经历或贴近观察到的，都可以丰富人们的经验思维。长期依赖经验思维的人在舒适区内不愿意走出来，当工作场景发生重大变化时则处于被动境地，其经验思维不再奏效导致无法解决新问题、难以完成新任务。

（12）突破思维：又可称之为创新思维，不受制于定势思维，从思维牢笼中跳脱出来自由发散思考，基于新的假设实现改进或变革的思维方式。在理论常识、规则、共识、风俗的约束下，人们习惯于遵守而非质疑，长期遵守对思维的活跃性形成了抑制，很难提出与常识不尽相同的假设，更遑论超越常识的大胆猜想。突破思维活动实际上融汇了多种思维方式，从不定型。自由激进、大胆猜想、改良意识、变革思想、质疑精神、无历史包袱都是突破思维活动的具体特征。

一个人若要强化突破思维，不仅需要智力还需要勇气，理论假设、变革、破框、灵感思维都属于突破思维范畴。提高突破思维能力的方法首先在于勤学习——深耕某一领域，学习掌握丰富的专业知识并持续扩展知识结构；其次在于勤用脑，拒绝思维惰性，经常思考保持大脑活力；再次在于具有不服输的精神，敢于挑战极限、不满足于现状、不自我设限；最后在于尊重科学，坚持追求真理，敢于质疑规则。

（13）实验思维：人们通过观测获得新发现、通过实验验证某种理论的思维方式，包括实验室模拟测试、试验田试点测试思维。为了验证某种理论，科学家在实验室模拟测试，通过观测物质运行状态证伪或证实某种理论观点；为了推行某项改革性举措，社会工作学者率先开辟一块试验田，以此为试点贯彻该举措并根据运行状态不断修正，最终获得宝贵的一手资料。研究机构、政府部门、企事业单位运用实验思维能以较小代价判断某种理论或改革方案是否可行，然后决定推广与否。国家行政机关主导推行的各项新举措往往通过城市试点小范围收集数据和完善举措，再在全国各地铺开。

实验思维实质上是谨慎验证的思维方式——研究者正是通过观察测试发现问题和发现新现象，从而不断修正理论或改善措施。实验思维在科学研究领域、社会改革过程中经常用到，自然科学家、工程师、社会研究学者、咨询师等尤其需要掌握实验思维。试一试、验证一下，是实验思维活动的发端。

（14）证据思维：基于价值线索且有事实证据支撑，发现证据之间的关系，互相印证锁定的思维方式。人在利益面前产生分歧对立再寻常不过，双方协商、第三方调解、仲裁、诉讼、强制执行、暴力对抗均为解决分歧的手段，过程中需要事实和法理的支撑。对于事实的描述如果一方没有确凿证据支持，另一方就可能滋生否认（或歪曲）事实真相的投机心理，证据思维在锁定事实方面有着至关重要的作用。

人们在日常生活中应注意收集整理保存物证、书面证据和电子证据，获取人证，一旦发生争执时便可以在证据基础上锁定事实，遵循法律采用协商、调解、仲裁、诉讼等文明手段解决分歧。证据思维讲究获取原件、展示原始存储轨迹，在此基础上需要逻辑推理，民事纠纷允许高度盖然性，刑事案件则必须排除合理怀疑。从锁定事实到遵循法律，证据思维是有效消除分歧、解决争议的实用思维方式。

社会活动中证据思维的广泛运用侧面反映了道德在约束人们行为方面的局限性，因而需要证据来锁定。合同、承诺书、签字文件、聊天记录等都可以作为证据使用，为了避免利益受损，人们应当审慎敲定合同条款、承诺事项、文件内容和恪守商务沟通原则。常言道，"空口无凭，立字为证"，这就是证据思维的朴素运用。

理性思维又称抽象思维，以上14种思维方式中碎片思维、割裂思维、模糊思维与生俱来，不需要后天开发和强化训练，经验思维随着阅历的增长不断丰富，逻辑思维、结构思维、系统思维、突破思维则是高级抽象思维方式，其既受益于个体的天赋悟性，也与后天开发训练有关。作为个体或组织，能改变的不是过去而是未来，后天努力有其积极意义。

二、形象思维（具象思维）

（1）感官思维：生命体在接收外界信息后产生一种感受，包括视、听、触、嗅、味等方面的感觉，在感官获取信息基础上进行辨识的思维方式。人在感觉器官的作用下生成图像、听到声音、闻到气味、尝到味道、感受到接触信息，感官思维负责对接收的信息进行认知分辨。人在生命周期的不同阶段运用思维方式的侧重亦不同，婴幼儿用感觉器官感受外部世界，到了童年阶段主要还是以形象思维和情感思维为主，青少年时期理性思维的运用频率和深度呈井喷式增长。

（2）印象思维：首次或多次接触具象事物后，生命体产生的记忆（对人或物或场景的记忆），属于感官思维的延时和升级的一种思维方式。当人们聊起某个话题时，人的脑海中会努力回忆对某个人的印象——第一次见面的印象、相处一段时间的印象、具体场景下的印象以及从他人口中获悉的印象。印象思维尤其需要视觉、听觉的支撑，人的第一印象往往是容貌身材和气质、声音，而相处过程产生的印象就要复杂很多，某个特定情景也能给人留下难忘的愉悦或糟糕的印象。

印象思维建立在感官思维基础上，又混合了情绪感受和理性衡量，但总体还在形象思维范畴内，属于思维主体对客观事物的实时感知和延时记忆。

（3）联想思维：生命体接收信息后自行加工产生的类比、递进、反差、记忆等具象联动思考的思维方式。除了逻辑推理外，联想也是一种推理，这种推理可从表象到表象、从表象到本质、从概念到概念、由时间 A 到时间 B，经常会杂糅系统思维。人们接收外界信息后触发相似性或相关性联想，或激发产生具有强烈反差的联想，勾起曾经的记忆场景也属常态。人们对时空接近的要素、因果联系的事件或相关概念还能产生递进式联想。联想的前提是某种因素可作为刺激条件，刺激条件可以是具象场景，也可以是抽象概念。

联想思维是浅层思考到深层思考的过渡，比系统思维的智力活动要浅显、短促，具体的物体和场景是联想的主要刺激源。即使是抽象概念，人们也能将之具象化，并由此联想到另一个概念（该概念也被具象化处理了）。

（4）**想象思维**：人类运用已有的知识、阅历进行创造性具象化加工，再造新的场景的思维方式。想象不需要特定的刺激，大脑能以具象形式进行天马行空的思考，在思维世界中不受理性思维的约束，随心所欲改造、大胆创造。自由想象没有边界，但想象力受制于人自身的知识阅历，以及大脑的运转速度、精力消耗程度；定向想象侧重于从某个方向、某条路线进行长驱直入式思考，同样不受时空限制，想象的内容能否实现并不重要，其价值在于弥补理性思维的局限性甚至解决理性思维不能思考透彻的问题。

绘画谱曲时的想象、拍摄电影时想象场景、描绘未知场景——都是想象思维活动的表现形式。人们容易混淆想象和幻想，想象建立在既有知识和阅历的基础上。

想象思维活动让形象思维得以与理性思维并驾齐驱，人类所缔造的文明离不开想象思维。联想思维、想象思维、模拟思维的难度要高于感官思维和印象思维，需要更多的智力活动。

（5）**模拟思维**：生命体通过观察、解剖等学习方式仿照客体行为的模仿性思考，或通过角色扮演再现历史场景（或新场景）的扮演性思考，或在推理过程中形象化勾勒特定时刻情景的思维方式。模拟思维在仿生学发展方面作用巨大，人类研究和模仿动物的行为及身体构造功能，从而掌握新技术、发明新科技。角色扮演可应用于回顾或改编历史事件、拍摄影视剧本等方面，以此丰富人们的文娱生活。情景再现则可用于分析案情，实现由表及里、由具象到抽象的思考，发现蛛丝马迹。当人们运用模拟思维时，经常混合运用其中的角色扮演和情景再现两种具体思维方式。

人们学习研究、仿造客体器官功能或客体行为，再现历史场景或模拟设计新场景，无不体现了模拟思维是一种应用型思维。模拟思维在攻克技术难题、制造工业领域大显身手，在试验观测、案情推理方面也不可或缺。如果说想象思维的价值偏于展现，那么模拟思维的意义则倾向于实用。

艺术脑和科学脑之间存在密切联系，彼此促进。人类借助艺术脑的形象张力不仅能创造出文化艺术成果，也能催生出科学技术成果。人们在运用科学脑思考时，让具象美建立在科学理论基础上，从而使文化艺术成果经得起自然与社会规律的检验。

三、情感思维

（1）幻想思维：主体在客观世界基础上朝着主观意愿方向虚构的思维方式，表达了一种强烈的情感倾向，与伦理道德、社会公序良俗无关。幻想无须知识阅历的积累加工，属于内心情感的强烈宣泄。当一个人的幻想到一定程度时，就可以支配人的行为，驱使其做出异于常人的疯狂举动。人们做梦也会产生幻想，睡眠过程中脑海中映现出断续的、模糊闪现的场景，游离在现实边缘。人们可以任凭意愿在幻想中重构宏观世界、微观宇宙。幻想思维活动也是激发灵感的活动之一。

幻想活动无边界、栅栏隔离，可随情绪漫无目的地虚拟构造各种场景。人们受到内心强烈欲望的驱使，现实中无法实现的转入幻想中实现，或通过幻想的方式宣泄压抑的情感。

（2）**本能思维**：由人自身的某种欲望直接激发的接近于条件反射式思考的思维方式。本能思维与个体欲望有关，是关乎生存、利益的思维活动。为了立足于社会，人会做出施与或让步举动；为了保护社会群体，人会做出善举——这些其实是同情思维的作用。除了同情思维，趋利避害、自私、贪婪也是本能思维的主要组成部分。趋利避害思维的行为表现有害怕冲突回避矛盾、发现不法行为保持沉默、拒绝出庭作证、为了求生出卖他人等；自私思维的行为表现有守财吝啬外借、锱铢必较爱占小便宜、妒忌他人获利、防范和算计他人、情感冷漠等；贪婪思维的行为表现有野心勃勃、物质欲望强烈、拥有赌徒心态和冒险精神、积极敛财、争权夺利等。自私重在守护既得利益，贪婪重在争夺额外利益，同情重在施与，趋利避害重在免灾、避害、获利。

本能思维无须后天习得，普通人的成长过程也是本能思维全面释放的过程。大多数情况下人的善意是有限的，不会超出自身能力范围。

（3）**社会认知思维**：有关社会角色认知、行为后果预判、风俗习惯顾虑、社会舆论洞察、欣赏认同、信任依赖、集体服从的思维方式，包含了利弊权衡因素。人是典型的群居性动物、高等智慧生命体，单论个体，人的身体力量无法与大型食肉动物相比，但人的智慧水平和群体生活方式不仅可以抵御自然灾害与生物侵扰，还能让人类拥有远超过自身的力量与技能。

长期群居的人，其社会认知思维是比较发达的。组织团队的欣赏认同增加了人们的合作信心。家族、部落、民族通过维持特定风俗习惯建立群体关系纽带。公共秩序、善良风俗、一般事理都能成为社会舆论的风向标，社会通过舆论规范群体成员的思想行为。有组织的社会群体中涌动着欣赏、依赖、信任、服从意识，即使此类思维意识存在行为风险，但大多数组织成员仍会选择情感上的判断和惯性反应，共同为欣赏、依赖、信任、服从付出代价。

社会认知思维是否丰富，侧面反映出一个人的情商高低。

（4）情感寄托思维：将情感投射在某种事物或生命体身上，执着于愿望的实现、表达某种思念或信仰的思维方式。当某种长期以来的稳定想法还未实现时就会形成愿望，愿望多为人们朴素的美好期待，当愿望实现后愿望思维寂灭或再生其他愿望。一个人失去亲人、朋友、恩人，在情感方面会经常性想念并回忆曾经的点滴，由此产生思念思维。思念多与人、动物、物体有关——想念恋人、亲人、战友，而为之辗转反侧，思念走失的宠物而产生焦虑和情感寄托，怀念旧居的一砖一瓦而梦回旧地。人们通过信仰以寻求精神慰藉，是谓信仰思维。虔诚的信仰可以让人克服死亡的恐惧做出超出人类本能的异常行为，谓之"伟大"或"惊世骇俗"。

记忆让人类的情感产生了延续性，愿望、思念、信仰皆依赖于持久的记忆。如果抹去了记忆就无从谈及稳定想法和特定想念，更远离了信仰。情感寄托的存在为人类的日常生活涂抹了非理性的光彩。温暖情感是冰冷理性的补缺，为遵照自然规律和社会法则运行的世界增加了偶然扰动性。

在所有的情感思维中，社会认知思维对于族群的延续和兴旺至关重要。人的情感是非常丰富细腻的，情绪波动贯穿人的一生。女性的情感思维普遍丰富敏感，男性群体的思维分化严重。

四、进化思维

（1）记忆思维：生命体对逃生及痛觉触发条件形成记忆留痕，将生存繁衍知识技能形成遗传储存，以及其他一系列自带记忆储存的思维方式。记忆思维分为逃生、痛觉、知识储存三种，与生俱来代代传承和进化加强。

围绕生存和繁衍的自动记忆传承体现在包括动植物在内的生物身上。生物自动调取储存记忆，无须延迟思考和后天学习就能够掌握基本的捕猎、交配、繁殖技能，只要某种环境、事物出现时逃生记忆、痛觉记忆就会被自动激活。

物种不同，其记忆储存量亦不同。灵长类动物在婴幼儿期自带的技能记忆储存极其有限，仅会吃奶、哭泣等，如得不到悉心照料则难以存活，其生存发展所需的知识技能都是通过漫长的后天学习获得的。与之不同的是非灵长类动物的表现，部分食草动物的幼崽出生后在不到一小时内就能够奔跑，无性繁殖的微生物自动获取分裂繁殖技能。相较于人类幼崽需要 1~3 岁才能学会行走说话，食草动物幼崽自带生存技能记忆储存，这与其生存环境及所处食物链的位置有关。处于食物链底层的动物及低等生物拥有相对完整的维持基本生存和繁衍后代所必需的记忆，随着自然环境和天敌变化而持续进化。

（2）实用思维：生命体在生存发展过程中根据周边环境变化不断保留有用、增加有用、舍弃无用功能及器官，最终实现功能进化或退化的思维方式。人类面对严酷环境，其身体器官及其功能得到进化；长期生存无虞，人的部分器官功能及技能退化，逐渐走向舍弃，另外一部分器官功能会得到加强。

生物在生存发展过程中保留、增加、舍弃何种功能及器官，取决于外部环境变化趋势，并遗传给下一代。自我调适和实用选择是朴素的生存哲学。

（3）求生思维：生命体在遇到危险时产生预警、对抗、求救、乞怜等系列行为背后的条件反射式求生指令思维方式。生存受到威胁时，生命体的机能会直接条件反射应对，发出预警信号；当危险已经无可避让时则激发对抗和求救意识以提高生存概率；仍不能解除生命威胁时则只能释放乞求信息了。

求生思维只有在危险来临或伤害已发生的情形下才会被激活。预警思维能够让人掌握求生的最佳时机从而采取逃生策略。当预警无效（或未能预警）时，处于被动位置的人立即采取对抗方式——求生对抗思维在起作用。

从严格意义上讲，进化思维不能称为思维方式，因为它无须延时和复杂思考，已刻入人体之基因及器官机能中，人一出生就能自动读取使用。进化思维目的就是让人存活、繁衍，无须思考存在的意义，属于原始的、低级的宽泛意义上的思维方式。进化思维虽属低级思维，但能够促使人类努力存活并繁衍。

人类如果单纯依靠情感、形象、理性思维，做出的决策未必有利于人类的存活和繁衍。进化思维让人们敬畏自然、增强求生欲望、自带恐惧和逃生意识、身体机能因应协调改善，避免人类在创造物质文明的同时走向精神颓废。

第四节　关于思维方式的探索性论证

一、四种思维方式探索性论证

思维活动的强大与否与思维载体有关，载体功能强大与否与载体的生存环境、发展周期有关。在急剧变化的环境中，原始生命没来得及进化就因环境的突变湮灭。部分生命体在平缓变化的环境中得以存活繁衍并有机会演变，以自身或族群之力适应渐变的外界环境。随着生命体的代代繁衍，自身部分功能因应进化或退化，部分生存技能写入后代基因，人类便是这样，从而产生了进化思维。

社会性交往为情感思维的产生和丰富提供了基本前提。人拥有一定的感官器官，如眼睛、耳朵、触感神经、鼻子、舌头等，通过感官器官接收外界信息后能够产生视觉、听觉、触觉、嗅觉、味觉等单一或交织的感觉，并通过大脑对信息进行加工，因此具备了形象思维能力。

人类在环境适应性、族群或物种进化、文明发展速度方面取得了显著成绩，科学理论的提出、应用技术的研发、复杂工具的制造、文化艺术作品的问世皆证明了人类拥有强大的科学脑与艺术脑，在相对稳定的生存环境下其百年或千年历史之成就远超其他生命体百万年甚至数亿年所积累的成就。

进化思维的产生是其他思维方式的开端。进化思维基于生存、繁衍所产生，不能有利于个体生存、延续的功能或所掌握技能终将退化直至废弃、消失。在生存繁衍不能保障的情形下，生命个体无足够存活时间或富余能力产生承载情感思维所需的器官。大量研究证明，常见的哺乳动物是有情感的，通过语言、表情、肢体动作等方式做出有情感倾向的表达。生命物种发展不到一定阶段，就不会出现科学脑、艺术脑。当高等智慧生命体出现后，随着社会生产力发展和衣、食、住、行、教育、医疗等条件的改善，社会群体性的语言交流越来越丰富，大脑等智力器官也随之进化，形象思考的具体方式显著增加，抽象思考能力增强，科学脑和艺术脑将人类文明推高到一个超越其他种群的水平。

人类属于高级智慧生命体，除了拥有原始的思维方式，在群居生活中人类还发展了情感思维，人自身组织器官中的感官功能发展出形象思维。在实践中，人类创造了语言文字，语言文字从形象呈现转化为抽象符号，抽象思维活动得以一代代加强，助推人类高级思维能力的传承、改进、飞跃。

二、思维轮廓探索性论证

笔者将思维方式划分为进化、情感、形象、理性思维还停留在概念层面，若要深入运用思维方式需要在此基础上分解出二三级思维方式，大小分类形成包含与被包含的关系。笔者绘制思维轮廓的出发点基于具体场景的应用，从提出概念性的思维大脑到发现可应用的具体思维方式，勾勒出 107 个具体思维方式。思维轮廓绘制的先后顺序为：先高级后低级，即理性思维—>形象思维—>情感思维—>进化思维。思维轮廓以一览表形式和特定术语呈现，根据包含与被包含关系划分大类和细分小类。

（一）思维方式的阶梯发展性

根据进化的顺序，从进化思维到情感思维，再到形象思维（具象思维），然后抵达理性思维（抽象思维），笔者由此勾勒出简明的思维轮廓，列明四种一级思维方式。理性思维、形象思维是不是人类思维进化的终点？要看人类思维载体类组织器官机能的潜力边界。思维轮廓的一级思维之间存在阶梯发展的内在联系。

（二）思维方式的高低级别

在思维轮廓中，不仅四大种类的思维方式有低级与高级之分，同一大类的不同小类也有低级与高级之分。逻辑、结构、系统、精确、解决、工具、突破、实验、证据思维相对于碎片、割裂、模糊、经验思维而言则属于高级思维，其中，逻辑、结构、系统、突破思维相对于精确、解决、工具、实验、证据思维而言又属于更高级思维。高级与低级之分都是相对的，越是高级思维，其思考的复杂程度越深，思考的延迟性越明显。在人类已知的知识和实践认知范畴内，形象思维中的联想、想象、模拟思维的级别高于感官、印象思维。情感思维中的幻想思维比本能、社会认知、情感寄托思维高级，幻想让人类的精神世界充满斑斓色彩。笔者所绘制的思维轮廓虽未按照思维等级对二三级思维进行排序，但并不影响思维轮廓各级思维存在高低分布的内在联系。

思考难度、思考延迟性、思考深度和广泛性、思考的自由度和内在联系，都是区别思维级别的基本特征。逻辑、结构、系统思维等在思考难度、思考延迟性、思考深度或广泛性、思考的内在联系方面非其他理性思维所能比拟，属于思维轮廓理性思维（抽象思维）中的核心思维、相对高级思维。联想、想象思维表现出了思考的广泛性、内在联系和高自由度特征，属于思维轮廓形象思维（具象思维）中的核心思维、相对高级思维。幻想思维虽然不如社会认知思维的广泛性强，但其自由度较高。笔者既不寻求级别数量的对称性，也不寻求思维定义的对抗性，只是结合思维的阶梯发展、级别、对比、聚合等因素简单勾勒思维全貌，根据思维方式的高低级不平衡分布绘制了思维轮廓图谱。

（三）思维方式的反差对比

人们不仅可以给思维方式分级，还可以依据反差对比健全思维方式。一级思维方式中的理性与情感、抽象与具象思维，都具有一定的反差对比特征。二级思维方式中的反差对比有碎片与结构、割裂与系统、模糊与精确、经验与突破思维，通过反差对比将理性思维框架下思维方式的全貌展现出来。既然一二级思维方式都有反差对比，那么在三级思维方式中也会存在诸多具体的反差对比，如零星与模块，拆解与组装、资源闲置与资源整合、孤岛自闭与要素关联、短视与关联预见、碎片化数据与结构化数据、定性描述与定量描述、笼子与破框、定势与变革思维。思维轮廓中的各同级思维之间存在反差对比联系。

看似简单的思维轮廓，其背后有丰富的理论依据和推理方式支撑。笔者以反差对比方式覆盖思维轮廓的盲区，从而不遗漏主要的思维方式。理性与情感思维，一个代表理性，另一个代表感性；理性与形象思维，一个代表抽象，另一个代表具象。碎片、割裂、模糊和结构、系统、精确思维之间存在明显的反差对比关系，经验和突破思维之间暗含反差对比关系。反差对比关系推理主要运用在思维轮廓的一二级思维方式确定方面，三级思维方式的确定主要运用了归纳、类比、递进等推理方式。

（四）思维方式的聚合性

笔者在勾勒思维轮廓时，即以包含与被包含的关系搭建思维框架，将归属于同一类别的思维方式聚合到一起，分组为四大种类，依次分层分级细分为107个具体思维方式。理性思维活动为人类文明贡献了自然与社会科学成果，它脱离了具象事物实现了间接性思考，在思维轮廓中将其分为14类二级思维方式以及60个具体思维方式。形象、情感、进化思维同理，归类设置为一二三级思维方式。其中，第三级每一个具体思维方式都是第二级对应思维方式的分解，而第二级思维方式的特征聚合在一起又共同承接了第一级思维方式，同一类思维具有相同或相似的属性。思维轮廓中的各同类同级思维之间具有内在的亲密关系，既独具特性也拥有共性。

思维轮廓为读者呈现了思维家族全貌，厘清了它们之间的关系。鉴于理性和形象思维的高级属性和衍生能力，它们所衍生的思维数量最多，其中尤以理性思维为首。由于进化思维无须借助完整的大脑或某个明确的思维载体即可实现自动反应，关于它的分类聚合研究实用意义不大。

（五）思维活动的延迟差异

一般意义上低级思维方式的延迟思考特征不明显，思维活动时间短促甚至可以做到从接收信息到行为反应的无缝衔接。进化思维的最大特征就是条件反射，无须思考延迟。情感思维活动的运转接近于条件反射，在接收信息后无须明显的停顿即已产生反应。形象思维中除了主动意识外还存在潜意识，但形象思维范畴的联想、想象、模拟等思维活动都存在人的肉眼可以观察到的"主体从接收信息至发生行为之间的思索间隔"现象，可以判断其存在思考延迟，称之为思考滞留。理性思维普遍存在可直接辨识的思考延迟情形，尤其是逻辑、结构、系统、突破等高级思维活动需要耗费相当的脑力，新理论假设、反向假设、大胆猜想、公式逻辑、线性逻辑等严密思维的思考不只具有简单停顿的延迟现象，以天、月、年为周期的思索也很常见，称之为思考沉迷。在思维轮廓中根据思考的延迟差异特征来区分和划定不同思维方式的边界，总体上分为条件反射（进化思维及其二三级思维）、准条件反射（情感思维及其二三级思维）、思考滞留（形象思维及其二三级思维）、思考沉迷（理性思维及其二三级思维）。

进化思维以条件反射方式运转，这也是人生存和繁衍所需，具有条件触发、无须指令控制特点。进化思维确保各种人走在正确的道路上，避免违反进化规律的停滞退化等异常现象长时间、大规模发生。情感思维中的本能思维、情感寄托思维有准条件反射的一面，思考间隔极短、反应快，具有情绪涌动表达、难以控制的特点。大多数形象思维、低级理性思维以思考滞留方式运转，通过指令打开或关闭思维活动，受控性较强。形象思维中的想象及理性思维中的逻辑、结构和系统等思维能够让人们产生思考沉迷——犹如畅游在抽象概念、内在关系、干扰条件等构成的思维海洋中，长时间忽略外部世界。

（六）思维轮廓的简易实用性

关于思维方式分类定级的相关见解论述不在少数，见仁见智。笔者以简易图表形式呈现一二三级思维，使读者能在实践中快速辨识和定位、快速转换运用各种思维，具有较高的指导价值。过于庞大复杂的思维系统容易让人陷入思维迷宫，其更适合学者来研究。笔者所勾勒的思维轮廓简单直观、简便实用，通过大量实践来检验并修正。

思维轮廓展现了 107 个三级思维，其实只有研究人员才会深入探究三级思维方式，人们通常只会用到四大一级思维和 26 小类二级思维——它们足以满足大多数人日常学习、工作、生活所需。从不同应用场景看，人们对思维方式的模糊使用有时比精确掌握更有性价比和效率。

第五节 四种思维方式及思维轮廓的应用

四种思维方式及思维轮廓在做事、识人、管人、交往、资源管理领域大有用途。

做事方面：科学之事理性思维用处居多，也会用到联想、想象、模拟思维，自然与社会科学领域的研究者运用逻辑思维发现规律；人文学科领域的文艺工作者借助形象和情感思维创作文学艺术作品。高级的理性思维和形象思维在人们理解并改造大自然、丰富社会生活方面具有重要作用。律师和公检法机关工作人员运用逻辑和证据思维处理工作，数据分析人员运用数据思维统计分析各类报表，财务人员运用数据和精确思维管理账目，画家运用联想和想象思维观察自然社会并绘制图景……运用恰当的思维方式自然提高人们做事的效率效果。做事包括但不限于研究、解题、挑战目标、处理危机，不同事项所运用的思维方式亦有差异。

识人方面：由于人具有复杂性，识人的思维方式和关注角度不同得出的结论迥然不同。识人者既要设立人才的理想标准和条件，又要考虑人才资源的有限性，并学会降低标准、舍弃部分条件、保留必要标准和条件。客观绘制人才画像、科学建立人才标准、设置人才条件、盘点人才资源、认清现实和理性选择，都是理性思维活动的范畴。理性思维是用人单位选人识人所依赖的主要思维方式。人们普遍对美的事物和人存在好感，潜意识运用形象和情感思维决策。不同思维方式识人的程度不同，情感思维和形象思维识人停留在浅表层面，理性思维则能穿透本质。工作面试、商务合作、日常交友、决断分手远离都属于识人范畴。

管人方面：各种组织中既有运用情感思维掌控团队的管理者，也有运用理性思维明辨是非的管理者，还有善于描绘蓝图与未来美好生活景象的号召者。其实在管理团队过程中，并没有哪一种特定的、针对任何情形都行之有效的思维方式和管理方法，管理者根据团队成员构成和时代文化背景因人、因地、因时制宜。深入理解和掌握思维轮廓，管理者在带领队伍过程中自由选择和娴熟运用理性、形象、情感思维，做到智商、情商都在线。管理队伍意味着沟通、信任、激励、惩罚、人事调整等具体活动。

交往方面：人类主要使用语言文字媒介进行社会交往，高频次的表达、倾听、阅读行为贯穿人的一生。交流、协调是交往，谈判、游说也是交往。人与人之间的交往，当思维同频的时候认知水平趋同，也更容易拉近心理距离。如果一人理智冷静讲事实证据而另一人歇斯底里宣泄情感，那么两人的沟通注定是无效的——要么双方不欢而散，要么其中一方采取强制手段。涉及谈判时理性思维活动应占据主导位置，谈判人员逐一确认和锁定事实证据，在事实基础上尊重法律法规与合同协定，这比乞求、咆哮更有实际意义，除非双方实力严重不对等。

资源管理方面：人们经常对闲置的资源和无关个人利益的事情视若无睹，这是人的惰性和私利使然。即使人们努力克服惰性与自私，也还需要充分运用系统思维才能盘活闲置资源、整合周边资源、重新优化配置资源和集中优质资源。资源管理者的割裂式、碎片化思考只会让大量资源躺在某个角落，或者利用资源不当造成更大的资源损耗。组织管理者想要有效管理各种资源要素并使之充分发挥价值，需要系统、结构、突破等高级思维方式的支持。

思维大脑及思维轮廓为读者呈现了一幅思维全貌图，它有助于大家深入认知自己及他人常用的思维方式，理解个体之间思维方式的差异，并结合自身思维特点扬长补短、开发思维智力，学会在不同场景下自由切换思维方式，从而推动个人（或组织）长足进步。未曾系统学习的人们比拼的是先天思维能力、后天观察与理解悟性，学习掌握思维大脑及思维轮廓全貌后个体思维潜力有机会获得充分释放。思维方式的持续改变达到临界点，个人性格中的隐性部分被充分挖掘足以转为显性，必然会对性格产生深刻影响，性格潜移默化随之改变也就成为必然。

上述四种思维方式及思维轮廓的用途如图 3-3 所示。

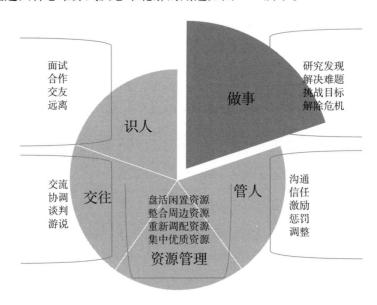

图 3-3　思维方式的五种用途

只要掌握了思维大脑和思维轮廓，人们就可以根据不同用途和场景运用不同的思维方式。

一、做事（研究发现、解决难题、挑战目标、解除危机）

（一）理性与形象思维在理论研究发现中的作用

理论研究者必须掌握逻辑、系统思维，否则就会因个人思维方式的限制而很难取得成果。各领域的学者在理论研究论证中，频繁运用线性思维中的正向和逆向逻辑推理，运用严密思维消除论证过程中的逻辑漏洞，尝试建立公式……这些都属于逻辑思维的运用范畴。万有引力、电磁力、强相互作用力、弱相互作用力就是通过逻辑推理和关联思考活动发现的，当然还融合运用了突破、实验、联想、想象等思维。

除了抽象思考，联想、想象、模拟思维在科学研究中也能发挥重大作用。生活中的现象、个人的知识阅历在某个时刻可以触发人们的联想，从而解决研究过程中的难点。由于想象思维不像理性思维中逻辑思考那般严密，反而得以激发人们思维的活跃性和跳跃性，与突破思维混合能够提出大胆猜想。研究者通过观察解剖其他生命体的构造，弄清某种组织器官的运行原理，从而仿造这种原理并发明新科技。

本着严谨的态度，人类所有的理论发现都应设法证实，不能证实的理论始终停留在假设猜想层面。人们运用实验、证据思维进行仿真环境测试、试验田实践，反复验证理论学说是否与实验结果一致，或者从中观测到异常现象，进行进一步分析和研究验证，提出不同的理论观点。

（二）逻辑、工具、解决思维在解决难题中的作用

学校师生解数学难题、政府机关解决经济问题、企业解决产品质量问题，逻辑思维会在其中起到不可或缺的作用。解数学题需要用到公式计算和逻辑推理，保证思维的严密性；研究及解决经济问题、提升产品质量都需要层层剥笋般找到问题产生的直接原因、深层原因，以及进行闭环思考。人们运用逻辑思维找到答案，并提出和贯彻落实方案，逻辑思维在学习、工作、生活中用途颇多。

人类和某些动物相比，四肢并不发达、力量不占优势，但人类在研发制造工具方面的思考及作为超过其他物种。当人们渴望像鸟类一样翱翔于天空

而不能时，则通过一代又一代人的实验制造出了滑翔翼、飞机、火箭。借用工具可以解决现实中的难题、满足人们的欲望，人类在这方面总是不遗余力的。为了解决产品质量的波动性问题，在工业制造领域企业追求标准化、程序化、模板化，工业成品以流水线的方式批量产出。人们在使用照相机、驾驶汽车、操纵飞机方面力求高度智能，制造实现自动对焦与自动识别捕捉影像光线的照相机，造出无人驾驶汽车和无人飞行器等智能驾驶类交通工具。研究人员赋予人工智能机器人人类外形、表情，实现交流和海量知识储备，由于人工智能机器人仍为人类制造物，其本质还是工具思维的高级运用。

如果缺乏解决思维而只有争论的声音、缺乏行动的意愿，人类很容易沦为思想上的巨人、行动上的矮子。世界上很多问题都没有最优解，只有相对适用的、符合实情的解决方案，落地倾向就是要将想法付诸实践。人们不仅需要解决当前问题，还要善于发现和排除隐患，思考方法策略的目的在于高效率完成目标/任务、解决问题，思考路线步骤则可以确保行动的有序性和过程的稳定性，避免作业秩序混乱导致风险失控。解决思维对于提出解决难题的方法策略和路线步骤及保持务实作风来说非常必要。需要警惕的是，一个人一直单纯做某一狭窄领域的工作，未曾涉及其他业务或管理工作，就很难用业务伙伴的思维方式思考和解决难题。思维方式的扩展应用，要求人们对于知识的汲取也要与时俱进。

（三）理性思维、情感思维在挑战目标中的作用

各级组织负责人（职业经理人身份）一般情况下总是倾向于制定保守目标，而组织成员中的股东、各类合伙人习惯于制定理想目标。理想目标通常高于实际，保守目标又过于低估团队潜能。此时，雇主、雇员双方基于对客观数据的分析推测、现实资源及未来可获得的资源要素条件的因果逻辑推理，大概率能在目标设定方面取得共识。目标设定不仅需要合理，还需要具备挑

战性，在合理基础上抬高目标。组织绩效设计者会针对挑战性目标增加正激励，不设负激励，借以激发团队的本能欲望。合理目标建立在数据思维、逻辑思维基础上，挑战性目标则建立在突破思维、本能思维基础上。除了合理性、挑战性两种目标外，不少组织还会设置保底目标，系统思维会提醒组织成员考量过程变数风险和动态平衡管理目标——仅由数据分析预测和逻辑推理得出目标缺乏对行动过程中不确定风险因素的充分估计，目标仍有可能偏理想，因此人们会再提出一个保底目标。组织绩效设计者针对团队未达成保底目标的行为加大负激励杠杆，以刺激组织成员趋利避害。

目标设定后，需要目标承诺人及其团队进行突破性思考，在逆境中采取非常规措施竭尽全力实现挑战性目标。系统思维能帮助组织成员盘活并整合可利用的资源，集中优质资源投入目标奋斗过程。当阶段性目标完成率较差时，组织绩效承接人如不采取打破常规的措施极有可能让目标落空，破框思维下的大胆决策、超出常规的行动应运而生。同时，在目标奋斗过程中出现低谷时，组织领导者、目标承诺人应当运用情感思维方式号召组织成员重燃信心，只要有进步就及时给予表扬肯定，避免观望和失落情绪在团队中蔓延。在艰难处境中为了鼓励组织成员努力，组织临时恢复之前的奖励措施、增加设置免除惩罚的措施条件，以正负强化手段释放人性的进取精神和善意态度。

（四）理性思维在解除危机中的作用

个体之间、群体之间、个体与组织之间存在矛盾冲突不可避免，当矛盾积累到一定程度而不能被化解则必然会尖锐化，由此引发危机事件。危机事件的种类较多，有自然灾害引发的生命财产损失危机事件，有传染病扩散导致的生命健康安全危机事件，也有经济下滑带来的社会危机事件，还有因处置不当激发的社会舆论发酵危机事件，更有民众群体之间爆发的冲突事件、个体与组织因矛盾产生的冲突事件。人类社会既然无法消除所有危机事件，那就积极预防、恰当处置、妥善收尾。

人们处理危机事件不能像处理日常工作一样拘泥于预算管理（成本控制），而应具备模糊思维，算账太过精明只会让危机进一步发酵直至无法收场。当社会危机发生时，管理方优先考量如何缓和群体矛盾，有序落实特定群体所关心的问题，至少解决一部分问题；当冲突危机发生时，弱小的一方宜考虑如何避免战争，尽可能将冲突控制在外交谈判、国际仲裁层面。边界模糊思考能让决策者不再锱铢必较，根据双方博弈力量对比和风险演变趋势适当做出妥协。除了模糊思维，解决思维也是必需的，作为危机的当事方应聚焦于解决问题、消除隐患，提出解除危机的策略、行动步骤，让模糊思维、解决思维共同推动危机解除。

二、识人（面试、合作、交友、远离）

（一）理性思维、情感思维在面试选拔中的作用

招聘面试选人不同于择偶，在前者中理性思考占支配地位，在后者中混杂理性情感或纯粹依赖情感判断。面试选人时，面试官暂时丢掉情感与形象思维才能趋于客观。其实所有的组织之间、组织与人之间的双选合作理论上均由理性思维支配，只有个体之间、松散群体与个体之间的互选才会夹杂情感思维。当组织中的面试官抛开组织利益反以个人喜好等主观意愿面试选拔人才时，情感思维就有可能替代理性思维占据支配位置。

面试官自身的思维能力不差，才能准确评估管理岗位候选人的工作思路、分析判断水平。管理岗位候选人在社会认知思维、本能思维方面不应有明显短板，毕竟涉及团队管理，情感思维方式在聚拢团队和提振士气方面能起到积极作用，还能提高协同意愿，并增强成员彼此的欣赏认同。各级面试官尤其是用人部门负责人须保持足够的理性才能清醒识人、知人善任。

面试官主要评估技术岗位候选人的逻辑思维、结构思维等与智商有关的思维能力，针对艺术设计岗位需要观察评估对方的联想、想象、模拟思维水平，针对调研分析类岗位应着重评估人选的数据敏感性和精确性及逻辑能力。拥有突破思维能力的人容易发现高潜人才——欣赏认同、同类相聚使然。用人单位当然可以利用测评工具辅助面试，从而降低单纯依靠面试官判断产生的误差风险。

（二）情感思维在合作中的作用

人属于群居性动物，且以不同角色存在于各种组织中。个体之间、群体之间的频繁合作乃人类社会的常态。人们由于情感的走近而增强合作意愿，因为情感的疏远增加心理抵触。人除了拥有趋利避害、自私、贪婪等利己意识，还拥有同情思维。同情思维从善意角度出发，属于利他意识，其无疑是人际合作的润滑剂。除了同情思维，组织成员在理念、爱好等方面的互相认同欣赏，让双方的分歧不再那么尖锐，更愿意通过一系列行为消除分歧、达成共识。组织对个人的欣赏认同，满足了组织成员的期待。组织成员获得组织信任，更愿意服从组织安排；组织成员之间达成信任，更愿意主动靠拢和协作。随着彼此信任的加深，组织成员对组织平台逐渐产生依赖情感，这对成员稳定性和抗压性的提升大有裨益。团队带头人充分运用同情、欣赏认同、期待被欣赏、信任、服从、依赖等具体思维方式，能很好地凝聚团队共识，营造团队合作氛围。

由于个体不同，每个人的自私、贪婪、趋利避害意识强烈程度亦不同。在团队合作过程中组织及组织领导者、管理者必须发挥正向引导作用，使用正激励杠杆鼓励员工增加收入和规范职业发展。组织对于个体的自私、非法及投机性质的贪婪行为要强化负激励措施，从而有效规避（或抑制）个体的自私、贪婪倾向。

团队共同信仰亦能增强合作意识，团队的概念宽泛，包含了宗教团体、民族群体、党派社团、企业团队等，宗教信仰、民族信仰、党员信仰、企业愿景分别引领不同团队合作前行。信仰思维在组织建设、团队合作方面能够发挥积极的行为导向作用。

（三）理性思维、情感思维在交友中的作用

理性思维下，各方建立深厚友谊是有难度的。发现和指出对方理论观点的偏差或谬误、争论事理的对与错，这是擅于理性思考的人经常干的事。理性者建立的友谊关系是相对持续稳定的，但有边界感。尊重规律、承认事实、明辨是非、求同存异，是理性思维擅长者的交友特征。

情感思维强烈者的感情投入多，情感投缘者容易互生情愫。当拥有深厚情谊的两个人分别后，其中一方或双方能持续产生思念之情，延续数十年甚至一生。人们在交友过程中充分运用情感思维，可以快速建立基于情感依赖的友谊。

自由恋爱是交友的重要组成部分，男女因为一见钟情（或日久生情）而形成伴侣关系，当两个人家庭背景、学历教育、性格、阅历、立场等完全不同时容易遭到亲人的反对，情感思维能驱使热恋中的伴侣坚守爱情。当激情褪去，理性的一面逐渐让伴侣思考之前选择的正确性。恋爱交友、婚姻结伴需要当事人审慎平衡理性与情感思维活动，如果只把恋爱婚姻当作一种短暂体验则另当别论。

（四）理性思维在决定是否远离特定个体/群体中的作用

你与品质顽劣的人恰巧感情较深，那么情感思维总是倾向于鼓励你释放太多善意。自私和贪婪者会利用你的同情心、信任心理、服从意识，诱使你满足其个人私利与贪欲。我们只有强化运用证据、逻辑、系统思维等理性思考方式，基于事实结果、因果逻辑、人性行为动机合理推断一个人的品性，而非基于情感偏好，才能深刻认知一个人的品性并决定远离还是接触。

经常运用逻辑思维能强化人的推理能力，人与人之间的三观（价值观/人生观/世界观）是有差异的，求同存异是促进社会交往的策略需要。人之三观分歧严重时，人们不妨客观认识彼此之间已经产生的无法弥合的裂痕，此时远离是明智选择。

业务人员善于描绘蓝图和增加别人的期望值，以形象思维诱惑用人单位。用人单位负责人辨识业务人员能力水平既不看对方描绘的宏伟蓝图，也不必轻信对方的承诺，重点评估业务人员过往业绩案例和当前业绩成果才是根本，让理性思维主导选用人决策。用人单位理性评估优劣、辨识潜庸，进而决定是否采取措施远离特定个体或特定群体。

三、交往（交流、协调、谈判、游说）

（一）理性思维、情感思维在人际交流中的作用

交流既可以有直接目的性，也可以无明确目的性。为了工作协同、解决问题、协调资源、达成目标而开展的工作交流，当事人不妨积极运用逻辑、结构、系统思维等理性思维方式，在沟通碰撞中取得突破，理性思维对交流效率的提高大有裨益。朋友聚会聊天、街坊邻里闲话、生病探望寒暄等则属于无明确目的性的交流，运用情感思维交流显得富有人情味，可以润滑人际关系、增进人们之间的好感。

交流需要频繁交换信息，除了真实性和价值，信息的完整性也很重要。人们在工作场合的商务沟通尤其忌讳情感宣泄和重复表述、夸大与隐瞒，要避免无效沟通挤占时间，更要避免负面沟通产生危害。工作沟通应当建立在事实证据基础上，人们运用证据思维基于事实进行交流，必能增加交流的有效信息含量。

作为主动交流的一方，有意识地与交流对象调频为同一种思维方式，用别人的思维方式走进别人的内心世界，有助于取得良好的沟通效果。人们运用社会认知等情感思维方式能起到共情的效果。

（二）情感思维、形象思维在协调共识中的作用

观点不一致、决策分歧、配合度不高、资源配置不足等情形发生而行政手段有限时，需要人统筹协调。协调应先取得共识（或扩大共识缩小分歧），人们在共识基础上实现观点靠拢、决策支持、积极配合、资源调配。在协调过程中，误解与偏见是协调共识的主要障碍。绝大多数人都有妥协的意愿，除非属于大是大非问题或攸关核心利益。协调者运用情感思维换位思考，寻找彼此欣赏认同的部分并消除误会、增进信任，以增强当事人的共识。统筹协调人需兼顾各方感受，通过语言行为降低敏感度以减少矛盾冲突，努力形成共识或搁置争议，情感思维在协调过程中的作用功不可没。

既看实力也看情面——反映了人们对形势的理性判断和保全面子的需求，为了达成某种共识，协调者运用情感思维保留各方情面未尝不可。除了情感思维，形象思维在协调共识方面也有着突出作用。良好的职业形象能提升他人的配合意愿、降低协调难度；强大的身份地位塑造能增加他人的妥协意愿、遏制抵制姿态。人们在工作交往中充分运用形象思维，通过个人自我形象塑造影响客户、上司、同僚的感官认知，从而为达成共识创造有利条件。

（三）理性思维在谈判中的作用

谈判在工作生活中同样比较常见，譬如薪酬磋商、采购议价、收购洽谈、拆迁谈判、抚养商议、债务讨论。有利的谈判策略应该是先逐一确认和锁定事实，然后根据签署的合同、协议、承诺等书面文件提出理由，既不违背法律法规还合乎社会公序良俗，自然取得谈判主动权，在谈判中步步为营争取最大利益。这意味着证据思维、逻辑思维的充分运用，锁实、锁理前提下谈

判人还需适当照顾社会舆情，秉持一定的人道主义精神做出有限让步。

于法理（法律与事理）视角不利的一方通常会运用情感思维造势，力图掀起社会舆论向另一方施压，另一方须及时释放信息以正视听从而扭转舆论被动局面。在谈判中过度运用情感思维的人或组织有两种：第一种是"我弱我有理"，以弱胁强、混淆视听、舆论造势；第二种是"我强我不怕"，强势出击、有理有据、引导舆论。

以上为零和博弈的谈判策略。以双赢为出发点的谈判活动，谈判各方应以证据思维、逻辑思维为基础争取更多利益，为了避免谈判破裂还需要运用模糊思维、解决思维淡化利益边界，努力取得框架性共识，从而实现双赢。谈判应积极运用突破思维，换位思考和沟通并提出双方均能接受的条件或者全新举措，淡化利益矛盾以满足各方所需。无论是零和博弈的谈判还是双赢视角谈判，均有可能陷入僵局，毕竟各方都在争取单边利益最大化，只不过零和博弈必然分出输赢，而双赢博弈则可实现各取所需、平衡利益。

正常情况下的谈判是一种理性博弈，夹杂复杂情感的谈判很难取得实质性突破，各方终为情感所累。非正常情况下的谈判是一种恐吓手段，某一方通过实力威慑逼迫另一方放弃利益及情感诉求，一般而言，在实力严重不对等情况下总是强者的赢面更大。

（四）理性思维、情感思维、形象思维在游说中的作用

向决策人游说是一种常见的影响决策的方式。假定游说者是理性的，而被游说者属于决策人且同样理性，那么基于理性的事实证据陈述、数据分析、方案提议、利弊要害阐明就富有价值。游说者在必要性、充分性、紧迫性的加持下敦促决策者下定决心采纳意见，后者做出基于理性的决断。实际生活中决策者并不总是理性人，决策会被情感或形象思维影响，游说者适时运用情感思维为建言献策增添一份情感温度，有利于让决策人做出决定。打消疑

虑、消除心理抵制往往是游说的第一步。理性思维在游说中占据主导位置，而情感思维的适时补充则有利于增强游说效果。

游说者应善用突破思维超越决策者思维局限，影响决策者并促使其下定决心。游说者以事实、证据、数据说话，通过严密逻辑推导阐明利害关系，同时又留有余地让决策人权衡利弊。

人是极易被形象思维、情感思维绑架的物种，大众喜欢把逛街购物活动当作一种情绪和具象层面的享受。销售人员在交易游说中利用自身职业气质、店面环境、品牌和产品形象优势快速营造一种加深印象、拉近情感的交流气氛，积极引导和强化顾客的形象与情感思维活动以增加成交概率。

四、资源管理（盘活闲置资源、整合周边资源、重新调配资源、集中优质资源）

（一）理性思维、联想思维、碎片思维在盘活闲置资源中的作用

理性思维中的系统思维对于资源要素的价值思考具有积极意义——没有无价值的资源，只有未被盘活的闲置资源。看似两个或多个不相关的闲置资源要素，在系统思维强大的人眼中也具有某种关联。一旦建立关联产生整合利用价值，则有机会盘活闲置资源。

资源被长期闲置，是因为掌握资源的人疏于思考或者缺乏闲置资源清单。运用系统、联想思维盘活闲置资源，继续利用资源的使用价值，即使闲置资源完全失去了使用价值，但其中的多数仍有回收残值。除此之外，碎片思维、联想思维的混合运用对于闲置资源的零星式盘活也是有积极意义。资源摆在那里，组织管理者通过对资源要素的杂糅或零星断续式使用，同样能提高资源要素的使用率。

（二）理性思维、情感思维在整合周边资源中的作用

系统思维中的要素关联、资源整合思考，意在寻找资源要素之间的某种

关联关系，尝试建立一种连接使周边资源产生新的使用价值或变现价值。就近整合是组织整合资源的基本策略，只有自身周边的资源要素才能被高效率、低成本地整合，资源要素时空距离太远则会导致整合成本过高。人们只要系统思考就会发现资源要素连接后的商业机会，整合周边资源便是顺理成章的事。任何人都有机会成为资源整合者，可以运用理性思维系统关联各种资源要素从而产生价值。

人才是资源要素的一种，但不同于其他要素资源，人才资源具有情感属性。在人才发展领域，组织管理者不仅需要理性思维，还需要情感思维，这样才能聚合并优化配置人才资源。优秀与高潜人才虽能为组织带来预期价值，但也是有个性成本的——性格和思维方式存在差异，需要组织管理者灵活运用社会认知思维主动欣赏、认同并带动优秀及高潜群体的社会认知思维活动，给予充分信任，确保优潜团队发挥合力价值，而不是增加人际内耗。

（三）理性思维在重新调配资源中的作用

理论与实践之间存在差异，实践中配置资源会产生试错代价，更何况部分理论本身也有缺陷，需要实践的检验修正。组织不断调配各种资源要素使之趋于科学合理。一个人拥有强大的结构思维则善于模块化管理资源，实现资源要素的重新调配，调配后评估不同聚合方式产生的效果并反复调试直至效果最优，这涉及模块思维、要素拆解与组装思维、弱关联思维的运用。

并非所有的资源要素都可以采取简单的物理拆解和组装方式来产生累加效果，很多资源要素需要按一定的比例融合产生反应从而成倍释放能量。例如，科学家通过不同物质的化学反应提取某种物质，研究人员利用特定元素材料施加临界条件实现高爆反应，药学家根据配方选择不同的药材制药，工程师利用工艺配方技术制造精密仪器——它们产生的效应并非简单叠加，这涉及强关联思维的运用。

（四）理性思维在集中优质资源中的作用

人们在工作中处理异常和解决问题是常态，纵使周边资源贫乏也需要最大限度利用有限的资源解决现实问题和消除隐患。在资源条件充裕的状态下，各方都能获得必要的资源要素；在资源条件短缺的情况下，本能思维就会驱使人们抢占资源，人们持续抢夺资源后会出现资源分布严重失衡的状态。资源分配决策者运用系统思维充分盘点资源，将优质资源优先匹配给承担高价值目标的组织，再将剩余资源统筹分配给其余组织。

情感思维可以提振士气，但多数情况下不能直接用于解决问题，尤其是技术类问题。人们只有理性地进行思考和决策才能有效解决资源要素集中与分配的问题。组织管理者学会运用系统思考和解决思维，集中必要的资源解决影响全局和重要领域发展的根本问题。解决难题一般需要优质资源条件支持，需要组织管理者运用突破思维打破常规集中优质资源要素办成大事要事，但需警惕违反自然与社会科学规律的集中资源行为。

五、管人（沟通、信任、激励、惩罚、调整）

（一）理性思维、情感思维在沟通中的作用

理性思维能带队伍走向正确的方向、找到正确的路径、选择正确的方法，这是情感思维所不能比拟的。管理者运用情感思维的目的在于通过柔性沟通消除对方的心理抵制，或强化沟通对象的社会角色认知，情感思维的使用目的达到后即转换为理性思维——层层剖析把问题谈透，提出科学工作方法，设计实施路线、步骤。

每个人都会有偏见，偏见的背后是既有的思维方式在作祟——经验让人思考固化，碎片让人认知混沌，割裂让人只见局部，印象让人迷失，本能让人扭曲心理……消除偏见需要逻辑、系统、突破、实验、证据等理性思维方式，通过严谨推理、关联思考、破框决策、实验验证、事实证据等纠正人们的偏见。

管理者过度运用情感思维会导致沟通过程空洞，过度运用理性思维又会致使沟通过程冰冷。有效的沟通应以理性思维方式为主，辅以情感思维使人际关系融洽。

（二）情感思维在加强信任中的作用

人毕竟是动物而不是机器，前者拥有情感而后者按程序指令做事。人与人之间的信任不需要太多复杂的理性思考。一个人在某个领域持续深耕取得突出成绩，最终引发周边人对其的专业信任；一个人在战役指挥方面连续打胜仗，必将受到士兵们的拥戴信任。当然也有屡败屡战而百折不挠者，仍会受到部分人的信任、敬佩和期待；还有一生都在失败中挣扎的人，依然会有人对其心存信任。所以，在信任问题上不能用理性思维简单推理。人类的情感思维活动并不总按常理出牌，即使付出信任代价。

组织管理者应充分运用情感寄托和社会认知思维，增强成员对组织的信念、成员之间的信任情感。深层的信任是信仰和情感依赖，能让人们无条件地信任组织、信任特定的人。人们的信任反过来又能激发被信任者的责任意识和使命感，释放潜能超常发挥完成任务、达成目标、解除危机。

（三）理性思维、情感思维在加强正负激励中的作用

激励分为物质激励和精神激励，以物质激励为主体，以精神激励为补充。如果组织以精神激励为主、物质激励为辅会有什么后果呢？在特定的社会中，此种激励组合仍然能起到激励作用。然而人性有其复杂性，除了爱（善、舍），还有自私与贪婪的存在，人们会权衡对比。在物质尚未满足人们需求的状态下，物质激励不到位终究会使多数人心理失衡。随着时间的推移，激励的负面效果逐渐显现。所以，基于逻辑、系统思考的激励规则设计就显得

愈发重要，科学合理的正负激励规则能使组织成员的行为产生良性循环，使团队朝着目标方向努力奋斗。

组织设置激励规则时，着重于研究设计业务团队激励及竞争杠杆，正激励要足、负激励要狠，利用人的本能激发业务团队的积极性，鼓励获益、避免惩罚。只有在奖惩及时兑现后员工的积极行为才能得到正强化，组织的正负激励管理是一个循环往复的闭环管理过程。组织管理者运用逻辑闭环和解决思维，以成员能否积极作为、能否提供结果、能否解决问题为奖惩的主要依据。

（四）理性思维在人事调整中的作用

人事调整动作包括晋级晋升、降级降职、平调借调、分工调整、问责辞退等，情感用事的人事调整必将为组织发展和个人冲突埋下隐患，基于理性的系统思考才能科学地完善晋降级、升降职、正副职搭配机制，提高组织成员的协同意愿和队伍凝聚力。主动运用理性思维能够促使决策群体客观决策，组织成员的理性反馈和投诉对于主观用人决策也能起到纠偏作用。

组织决策群体讨论实施重大人事调整属于关系成员核心利益的决策行为，决策者不能以模糊想法、经验判断、个人印象、本能意识等思维活动决定一个人的升降去留。人事主管部门运用逻辑、结构、系统、精确和证据思维决策，查阅员工个人档案，通过访谈补充工作表现资料，采集客群/上司/下属/同僚的反馈意见，从量化评价到定性评价做出审慎的综合判断。

六、思维轮廓的价值

笔者所尝试绘制的思维轮廓仅为一张承载有限内容的思维方式直观简表，其中的二三级尤其是三级思维方式在后续研究实践中还应持续完善。

思维轮廓是个体主动管理自我思维的直观工具。人们掌握思维轮廓可以规避单一或惯性思维方式的危害，有机会突破性格局限与思维惰性，从而具备强大的适应环境能力。它让人们掌握思维全貌，对照判断自身思维方式的优点与缺陷。由于分类及层级限制，思维轮廓并不能穷尽展现所有思维方式，但它为人们搭建了一座又一座的思维桥梁，将个体的内在思维活动与外在行为表现相联通，供人们清晰地掌握自身及研判他人的惯用思维方式。

人类群体中的大多数都是寻常之人，常人一般存在明显的思维瓶颈。且常人思考容易受限于定势思维，囿于经验认知。非常人则具备非常规思维，企图心强并善于学习的人尝试驾驭不同思维方式，在不同场景下自由转换使用不同的思维方式。理性思考，尤其是逻辑、系统和突破思维的运用能让人拥有准确判断力和深刻见解。

思维轮廓还是组织实现群体思维管理的科学利器。组织群体的思维及行为惯性既是日常工作的润滑剂——保障工作效率，也是阻碍组织变革的重要障碍——破坏变革努力。组织的核心成员在很大程度上代表了组织整体的思维方式，直接影响组织决策，因此借助思维轮廓诊断组织思维方式问题就成为了顺理成章的事情。组织在主动思维管理方面可以结合骨干成员的思维欠缺制定和开设相应的思维强化训练课程，借以提高组织思维能力水平。

笔者既然已发现思维的应用价值、思维与性格成因的逻辑关系，就急不可待地勾勒出思维全貌以飨读者。从进化思维到情感思维，再到形象思维、理性思维，思维边界、思维极限在哪里？人类终究会找到答案。

名词解释：

惯性思维：建立在经验基础上的、经常运用既有固定思维方式思考的思维活动。

生命体：以繁殖为目的，能自发进行熵变的自我进化体系。

生物：所有能够呈现生命特征的物种，包括细胞生物和非细胞生物、独立生存物种和寄生物种。常见有动物、植物、微生物等。

物种：生物分类单位，不同物种之间一般存在生殖隔离。

熵减：混乱程度减小，走向有序的过程。

裂变：核分裂效应，由原子核分裂成两个或多个原子的反应。

聚变：核融合效应，由两个原子核聚合生成新的原子核的反应。

分解反应：一变多反应，一种物质化学反应生成两种或多种物质的反应。

化合反应：多变一反应，两种或多种物质化学反应生成一种新物质的反应。

感官：感受外界刺激的眼、耳、鼻、舌、皮肤等器官。

法理：法律的理论学说；法律与事理，法律的理论学说与事情的是非曲直逻辑常识。

人工智能（AI）：以人为研究对象，模拟并延伸人类智能。

人才画像：组织根据岗位所需的人才，定义和刻画出胜任该岗位的人才原型，包括岗位人才的入围门槛（硬性条件）、能力素质、过往业绩表现、职业要求等。

舆论漩涡：由某个具体事件引发的激烈舆论（舆情），一般会产生一边倒的舆论观点，代表大多数人（公众）的情绪倾向，但未必正确。

正强化：又称阳性强化，奖励符合组织目标的行为，使这些行为得到进一步加强。

负强化：又称阴性强化，撤销或减少原来的消极刺激（厌恶刺激）措施，如撤销处罚决定、恢复职位待遇等。

共情：同理心、同感，转换视角体验他人内心感受的能力。

第四章
科学工作逻辑分析及应用

　　生存与发展是人类社会各种组织绕不开的话题，人们在目标追求与现实压力的双重影响下开展工作。社会群体精神状态会受到经济环境的直接影响：经济状况、人性的贪婪等内外因素迫使人们的心态及诉求迫切程度产生变化。社会经济快速发展或持续下滑催生并强化社会群体需求，在生存发展需求难以快速满足的情况下容易引发社会群体的普遍焦虑。一种焦虑与野心有关，是个人欲望所致；另一种焦虑与野心完全无关，是外力施压所致。人们在工作中被反复追问结果，成为当下社会经济发展过程中组织群体关系的基本特征。工作方式直接影响行动推进的速度、时机把握程度、预期结果的发生概率。每一个政府机构、企事业单位、社会团体都能理解工作方式的重要性——工作方式与结果之间呈现正相关关系。

第一节　科学工作逻辑及其工作方法

一、工作中精神焦虑的来源

当一个人及其家庭依靠工作尚处于温饱水平时，社会环境变化会对其精神状态产生显著干扰。稳定就业和获得收入是诸多家庭的基本诉求。学校教师有教学成绩排名及评职称压力，民营企业经营者及各级业务部门负责人有财务指标压力，以上人员若完全忽视压力必然付出代价，至于这种代价能否承受，只有当事人才能结合自身经济实力掂量清楚。不同形态组织的负责人对于结果糟糕情形下付出代价所引发系列风险的态度不同，是预先规避还是坦然承受取决于当事人的经济状况、能力水平等综合因素。任何一个理性的个体都会在权衡利弊后做出有利于保障自身利益的行为。

追逐利润及提高估值的经营性组织必然具备强烈的功利主义。实现经济目标、预期利润需要组织多方面的努力，组织机构为达成目标而设计和应用正负激励规则，已经成为市场经济下的常态管理活动。

一个组织会建立绩效指标库，立体构建一二三级组织绩效指标库层级架构，辨识和确立各级组织负责人的绩效考核指标。考核指标的完成情况与团队及个人收入、职位、雇佣状态等直接挂钩。

关于绩效考核方式的设计原则，通常是定性评价与人事调整挂钩，采用A、B、C、D、E五刻度衡量标尺，评价分布状态直接（或间接）影响用人提议；量化考核与收入水平挂钩，采用百分制细颗粒测量标尺，考核结果直接影响月度/季度绩效收入、年终奖金。自负盈亏的组织提倡业绩、结果导向，以绩效考核数据作为业绩及结果的主要呈现形式。常见的绩效考核方式包括 MBO、KPI、PBC、OKRs、BSC、360°反馈、用户评价等。在结果导向的绩效考核闭环管理中，组织目标进度监控和过程纠偏措施丰富多样，如数据报表预警、阶段性述职质询、定期业绩排名、问责通报、人事调整等。

一个功利性的组织聚拢一批功利性的职业成员，通过"加害和惠利"之正负激励分配杠杆对组织成员进行主动管理。功利色彩浓厚的组织具有强烈的进取特征，会设计并不断变革分配激励机制来充分激发组织核心成员的竞争精神，牵引整个团队朝着目标方向加速前进，组织成员身上通常显现鲜明的组织绩效文化烙印。

若要完成业绩指标，组织作为功能性平台自然需要提供必要的政策、资金、人才等资源支持，更需要各级经营单位负责人及其骨干队伍全力以赴。在功利主义导向下，组织既拥有惠利成员的能力，又拥有剥夺成员财富希望的能力。一个人或团队完不成业绩指标、提供不了组织想要的结果时，组织会通过负激励措施向绩差绩劣成员施压（通常是调整岗位、分工、薪酬等），然后给定一个改进期限，若整改期限内个人或团队业绩仍无改观，则给予更严重的处罚。

慵懒是人的天性，勤奋由人的内在动机或外部压力驱使。少数人能够以个人进取欲望牵引个人行为，大多数人仍需依靠外部刺激才能部分克服慵懒之习性。组织的正负激励措施关系员工收入，可直接增减个人核心利益，公布业绩数据、升降职、调整分工等同样会给个人带来巨大的精神压力。无论你是否愿意，只要组织倾向于运用利益分配杠杆撬动团队之人性，作为组织成员的你就不得不直面核心利益增减风险，以及由此带来的精神焦虑。

少了对价的松散管理，既伤害组织又损害多数个体利益（尤其是损伤

"提供主要贡献的关键少数群体"的积极性）。组织成员的不达标且业绩持续垫底的情形不应对组织核心利益造成持续损害，否则组织会连生存都成问题；少数分子业绩连续垫底而不受问责且正负激励均不足，势必会破坏进取分子的心理平衡。

从组织管理角度出发，组织拥有的资源是多数成员所看重的，组织会以此为诱因激励成员去争取；组织掌握分配激励杠杆且知晓多数成员所恐惧失去的东西，组织会以绩效奖惩、规章问责等措施逼迫成员去守护。成员如果满足不了组织的需求，那么代价就是组织不仅满足不了成员的进一步需求，还会以合法合规方式直接剥夺成员的既得利益。

焦虑是如何产生的？人的迫切需求点在哪儿且实现条件不足，欲望和焦虑就在哪儿；利益点在哪儿，动力和时间精力就在哪儿。个人需求引发的精神焦虑程度直接影响个人对利益的选择取舍。

人终其一生会有多种需求，不同阶段其需求也会变化，只有某种对自身重要而迫切的需求才会引发个体的焦虑。需求的强度与满足需求的条件共同决定焦虑值。组织中的个体成员或团队按照绩效考核约定，达成目标会获得相应奖励，完不成目标则接受某种惩罚。为组织提供结果、保障结果质量的过程中存在诸多变数，致使组织成员对结果不确定性产生焦虑。

各类组织通常善于抓住或引导组织成员的焦虑需求点，设置条件交换方式满足其需求，这是组织的惯用策略。在考核实操中，组织会致力于研究判断组织成员的核心利益诉求（包括所害怕失去的既得利益，以及极其渴望得到的新利益），借用正负激励杠杆放大诱因，让其产生焦虑。组织的资源和机会往往是有限的，一个负责任的个体最怕重复或过度使用资源和占用机会却无结果产出，毕竟组织会对投入产出进行计算。当发现运用既有方式方法和资源条件难以达成工作目标、难以改善现状时，人们患得患失从而速陷焦虑困境。有形及无形的绩效考核包袱太重，责任人一旦背上沉重的心理包袱而很难自卸，会导致焦虑状态持续加重从而损害身体和心理健康。为了减轻焦虑的副作用，情绪管理及压力释放就成了管理研究的课题，然而逃避式释放压力并不能从根本上解决问题，组织成员不得不返回工作岗位再次面对工作压力，组织对结果的时效性诉求时刻刺激着组织成员。

二、科学工作逻辑是解除焦虑的有效方式

用人单位有意给成员制造焦虑，员工个体多数讨厌焦虑，但由于人性被分配杠杆撬动而不能自拔，于是不得不陷入焦虑中，只有双赢才能保障自己不输，即个人行动努力主观为己，客观为组织。

在经济快速发展的国度和充分自由竞争的市场经济环境下，社会就业群体普遍存在对结果不确定性的焦虑。过度焦虑既无益于结果的实现也损害身体与精神，在此情形下有必要思考和找到消除或缓解焦虑的有效方式。

缺乏家庭经济压力、物质欲望或事业追求的人，很少陷入工作焦虑。我们重点关注符合"有家庭经济压力、有失业风险、有物质利益诉求、有事业追求"其中一种或若干种条件的人。用人单位通过层层筛选，在承担组织绩效的岗位上放置一批"野心勃勃、表现欲强、行动节奏快"的管理者或经营者，他们既有内在诉求也面临外部压力，无法选择清心寡欲的生活方式。

市场价格战、争夺资源、公开招标、抢单合作，以及各类组织机构的减控编制、竞聘上岗、绩效考核、业绩排名、奖金分配等行为会加剧雇员群体的竞争形势，焦虑无处不在。既然逃避方式不奏效，那就只能直面应对：我们必须选对方向，深入思考何种工作方式可以显著提高预期目标实现的概率（研究如何增加预期结果发生的概率），借助科学有效的具体工作方法致力于让预期结果成为必然事件，从而破解焦虑困局。在主要资源情形不变及组织内外环境未有大变故的前提下，劳动者掌握科学的工作方法有助于增强信心、缩短结果周期、保障成果质量。把绝大多数结果不确定性的事项变成只要采用正确的工作方式、正常付出即可获得相应结果的预期事项，每一位负责任的劳动者都应重视选择科学的工作方式，探索找到最适合自己的具体工作方法。

关于工作过程与结果的内在关系，仍从因果律的假说出发——在组织内外部环境相对稳定、主要资源情形不变的前提下，人们科学理性地工作，遵循一定的工作逻辑，只要过程足够努力，持续在某一业务领域深耕终将厚积薄发，取得成果是水到渠成的事。**科学工作逻辑尤其适用于专业性工作和常态管理活动，业务及经营活动、特定技术活动则需要另行研究思考可适用的工作方式和工作逻辑。**

如果**"积极暗示能提振信心、有因必致果、深耕则专业、付出必有回报"常识假说成立，在组织内外部环境相对稳定且主要资源情形不变的情况下，那么人们遵循科学工作逻辑而不问结果的工作方式就是解除结果不确定性焦虑的有效方法。**社会科学工作逻辑、业务工作逻辑、自然科学技术工作逻辑等工作方法完全能够有效指导绝大多数日常工作。工作方式中蕴含了思考偏向、行动偏好、操作手法、交流特点等，有一定的综合概念性和边界模糊特征；而工作方法则主要指可复制推广的规范、程序及所借助的工具，具备可衡量性、标准与步骤可依的特征。

三、关于科学工作逻辑的阐释

科学是关于自然规律和社会规律的学问。人们尊重科学，探索发现并遵循客观规律（包括自然界的运行规律和人类社会的运转规律），理性认知和改造世界使人类文明得以持续进步。

逻辑思考是一种思维方式。思维方式主要分为抽象、形象、情感三大类，其中，抽象思维又可称为理性思维，包括逻辑、结构、系统、经验、突破等思维方式。在因果逻辑假设中，任何结果或现象（包括异常）背后都有其原因，必然有规律可循。

关于科学工作逻辑的认知： 科学工作逻辑指建立在因果律基础上的符合内在逻辑的、有一定规律和章法套路可循的工作方法集合。这里的科学工作逻辑主要指社会科学范畴事项的工作逻辑，区别于自然科学范畴事项的技术工作逻辑。从宽泛意义上可将之视为关于一般专业与管理工作所需的规律、人性、心理，以及思考倾向、推理方式的集合。科学工作逻辑适用于各行各业的一般专业及管理活动，涉及社会规律、人性和心理活动知识要素的掌握与运用。

具体而言，通过逻辑推理能够预见工作事项结果，工作行为建立在理性思考的基础上，应尊重客观规律和遵循程序。掌握科学工作逻辑意味着选择有效工作方法能以可控的行为过程达到预期结果。万物之间若有规律可循则必有公式可立，找到粗放的公式并不难，建立精确的公式则需要进一步的努力。鉴于社会规律、人性及心理的复杂性，系统思考成为科学工作逻辑的基本思维方式。全面地系统思考，选择演绎推理、归纳推理、因果关联推断等，在理性框架内合理推测并预见未来的成功概率、失败风险，从而在理论指导下遵循一定的程序解决社会问题、经济问题或组织内部管理问题。科学工作逻辑以社会中的人和事作为观察研究范围，既可以研究规律、人性及心理，也可以于实践中调研和解决现实问题、规范组织运作、推动组织发展。人们对社会规律的严谨思考、对人性的洞察掌握、对心理活动的合理推测能够有效推动专业工作开展及团队建设。

科学工作逻辑的内涵包括合理推测、理性思考和决策、预见风险、尊重规律、恪守程序、问题管理、闭环管理。一般专业及管理工作者掌握了科学工作逻辑，能够遵循严谨的标准规范、必要的行动步骤推动工作事项前进——科学的工作过程是预期结果的最佳保障。关于科学工作逻辑的内涵详述如下：

（1）合理推测： 预期、现实条件、努力过程、结果之间应该存在内在联系或系统关联，最好有大量的历史参考案例或数据支撑，预期和结果之间可以通过因果合理推断、归纳总结、演绎推理等建立某种或然、必然的联系。劳动者在一定工作环境、资源条件下开展工作，按照规范、程序作业是能够完成常规工作事项的。人们发现问题需要先分析推断原因，再寻求解决方案，推演方案能否解决实际问题。工作目标越高、工作任务难度越大的事项，所需要的资源支持也会越多，工作方式、具体方法、行动努力程度等愈发重要，人们可以通过合理推测确立工作预期、行动与结果之间的联系。

目标管理是组织管理活动的重要内容。在目标任务的设定方面，人们首先思考目标设置的必要性、目标方向的正确性，其次合理推测和确定目标值，准确描述目标是执行目标任务的基本前提。组织决策人思考目标方向、目标设置对战略设想实现的支撑价值，并据此评估目标设定的必要性；组织决策人基于历史数据和内外部环境与发展趋势合理推算预期数值，并据此确立目标值。目标管理者基于容易理解、可衡量、可比较、可验收、无歧义的原则描述目标，从而建立目标库。目标管理会充分运用到合理推测，如果目标设置大幅偏离合理推测，个人或团队在客观资源受限情况下无论采用何种方式均很难兑现目标承诺或完成上级定下的指标。合理推测是科学工作逻辑内涵的基本组成部分。

（2）理性思考和决策： 科学工作逻辑建立在理性思维基础上，工作思考与决策偏向理性，通过规范严谨的行动过程取得良好成果。虽然并非所有的工作都必须借助理性思考才能完成，如文化艺术创作、设计创意、矛盾纠纷调解等更多用到形象或情感思维，但在社会经济管理、企业管理、组织队伍建设、司法工作等广泛领域主要用到逻辑、系统、结构、数据、证据等理性思维方式，尊重规律、遵循程序科学决策才能有效完成工作任务。形象或情感思维决策，更适合在文学艺术等人文学科领域创造成果，人力资源、教育训练、财务会计、税务、法务、安全生产等专业工作和团队管理更需要以理性思维为主的思考决策和行动，即使出于情感考量也不应突破理性思考的正确框架。决策者对于人性和情绪感受的顾虑大过科学理性的决策，必然扭曲或罔顾事实，好的决策需要勇气与决心。

理性思考要求人们学习掌握必要的知识，综合运用逻辑、结构、系统、数据、工具、经验、突破、证据等理性思维方式，熟悉使用因果推断、归纳总结、演绎推理、概率判断等分析推理方法，结合现实情况做出决策。理性思考和决策是科学工作逻辑内涵的主要组成部分。

（3）预见风险：人们通过理性推理得到预期结果，并在推理过程中发现影响结果实现的各种风险。风险包括人为主观过错风险、工作漏洞隐患、自然灾害风险，人们可通过排查隐患、制定风险预案等多种举措降低风险可能造成的损失，确保过程可控、结果可期。

个人若要接受组织目标或任务，要对工作任务的场景进行排查，找到风险点，提出具体解决措施和资源支持需求，并制定后续不确定性风险的应对预案。人们通过排查隐患、研判趋势等手段积极预见和消除工作风险，避免理想化决策造成的过分乐观行为。预见风险要求人们关注和重视每一个足以致命的关键细节，用合理举措消除风险点而非存有侥幸心理。

劳动者提高自身职业素养和工作能力能够大幅减少主观过错类、工作漏洞类的风险。对于自然灾害类风险和概率事件风险，人们只能努力提高预警防范能力而不能彻底消除，此时需要考虑采用业务分包、购置商业险、做好紧急预案等方式控制风险。预见风险是科学工作逻辑内涵的重要组成部分。

（4）尊重规律：宇宙万物运行皆有规律可循，认为无规律可循源于人类认知的局限性。凡能在社会现象中观察发现某种事物的运作特征并借鉴应用，就属于社会规律范畴。大部分事情的完成都有客观规律的支撑，可能有一些特例现象，但这不属于本书的探讨范围。

主动学习知识，愿意探究规律并在工作中遵循规律，个人或组织决策以不违反客观事物规律为前提，才是真正的尊重规律。专业工作和管理工作有其标准和程序，在工作条件允许下劳动者只要遵循科学的工作标准和作业程序就能完成工作。依据原理定律设计方案、遵循质量程序生产制造、根据岗位职责分工协作、按照诉讼程序和取证要求依法诉讼——这些都是尊重规律的具体表现。

不考虑客观事物的本质联系，决策人下达指令强行减配生产材料、打乱作业程序、大幅缩减作业程序或改变时间周期的行为势必导致质量经不起第三方检验。尊重规律意味着人们注重对理论假说、原理、定律、定理、公式等的学习研究和应用，借助基于理性思维的科学工作方式取得工作成果。尊重规律是科学工作逻辑内涵的核心组成部分。

（5）恪守程序：程序可指工作的每一个作业步骤、每一道工序及衔接标准、时长等，由明确的步骤和环节构成，并设定了工作场景、动作规范、时间规则。恪守程序是尊重规律的延伸，组织将工作内容拆解为组成要素和作业流程，具化标准与工序，然后利用规律的稳定性、可复制性、可验证的特点输出结果。过于复杂的程序应尽量转化成为软件程序运行，避免人工操作造成疏漏，即将操作复杂的程序转化为简洁智能的操作界面。

虽然工业化流水线式程序出品的产品未必能达到手工创意制品的最高

水准，但其可以批量产出较高标准的产品。恪守程序一般不与创新创意竞争比较，前者的目的是保障预期结果实现的成功概率，并且在多头工作环境下力求不会陷入疲于应付局面。恪守程序是科学工作逻辑内涵的主要组成部分。

（6）问题管理： 工作中偶尔发生异常但在无须作为的情况下会自动复归正常状态时，一般无须关注，除非代表预警信号。问题管理要求人们本着防患于未然的意识，做好日常检查保养维护，从而减少异常情况的发生频次。

问题管理是最朴素的管理方式，它鼓励劳动者在日常工作中主动发现和解决异常事项。发现、分析、解决是问题管理的三个步骤。个人或团队在工作中主动发现问题，分析问题产生的原因及追究根源，负责任地提出解决问题的方案（包括具体策略和措施），限期解决问题。若为普遍性问题，人们必须找到问题的根源，通过系统性改善和结构性调整解决普遍性问题；若为个例问题，人们需要分析具体问题发生的原因，着眼于单点或局部定制化处理个例问题。

（7）闭环管理： 从调研分析到制定方案、商议决策、调配资源，再到实施行动、过程监管、验收结果、整改复盘，最终到总结推广或反思检讨——属于基本的工作闭环管理概念。人们处理一件事应当完成一个循环，做出完结动作，这样才能视为闭环。

组织决策人将阶段性追求及要事纳入当期目标与任务管理，从调研分析、提出设想、制定方案、论证评估、讨论决策，到制定实施计划、选人分工部署、调配资源，再到实施行动、行动监控、报表分析、时间预警、过程纠偏、结果奖惩、复盘总结，鼓励管理者做到科学闭环管理。一件事的完整闭环包含三个环节：第一个环节为研究环节，由调查研究、理论研究、构建模型、规划设计、研讨论证等具体步骤组成；第二个环节为方案环节，由制定方案、征询意见、调整和确认方案、系统完善方案、会审和报批发布方案等具体步骤组成；第三个环节为实施环节，由成立工作组、选择试点、制定计划、调配资源、培训动员、实施行动、测试改进、异常处理、复盘改进等具体步骤组成。

四、科学工作逻辑的过程主义思想

擅长科学工作逻辑的工作者其实都是过程主义者，即相信并探寻行动过程与结果之间的内在联系，认定遵循客观规律必能产出合理的预期结果，积极运用合适的工作方式方法用心投入行动过程。组织中的机会主义者表面认可科学工作逻辑，实际上却急功近利或保守悲观，其主观意愿与实践割裂，过程表面化、形式化，所提供的结果经不起查验。科学工作逻辑最忌讳三点：缺乏预见性、投机主义、缺失闭环管理。人们缺乏预见性必然做出短视行为：冒进者对看到的风险隐患或资源浪费不闻不问，只求提供结果。在重大风险伴随、资源过度消耗情况下完成工作，组织将付出不必要的经济代价，并会经历人为主观过错风险。投机主义者个人获利但却损害了组织利益：一种情况是领导者好大喜功心理作祟，违背客观规律、打乱或腰斩程序以求赶工完成任务，质量根本经不起检验；另一种情况是领导者拒绝改变，高估困难而消极推进工作致使工作进度停滞。缺失闭环意识和完结动作会导致工作无果：工作离不开上级或第三方督办，组织的闭环水平取决于上级单位的监管惩罚力度和社会舆论强度，在缺失强势监督情况下工作容易半途而废。

劳动者与其焦虑于完不成工作，不如将全部注意力投入到过程努力上。做足过程，不问结果；过程科学，结果可控；过程严谨，结果经得起反复检验。劳动者若要实现组织预期结果需要有效的工作方式、具体工作方法的支撑。人们在理论常识指导下遵循科学工作逻辑及具体工作方法，于既定工作环境中能保证一般预期结果；人们在大胆假设指导下遵循科学工作逻辑及具体工作方法，于变化的工作环境中或能取得较高预期结果。

工作方式方法的有效性让人们的行动过程变得富有价值，避免无效资源消耗。人们在尊重规律和恪守程序的原则下，阐明合理过程周期与结果之间的关系，随意腰斩或拖长周期必然导致行为违背规律、工作失序，只会增加风险。

五、科学工作逻辑所推崇的工作方法

工作方法与思维方式密切相关，逻辑性、结构性、系统性、数据性、模糊性、经验型、突破性、解决问题型、工具型、本能型、社会认知型、想象型、模拟型等不同倾向的思维方式与工作性质及场景相结合衍生出多种工作方法，接受实践的检验和修正。人们所掌握和应用的工作方法良莠不齐，有些已经过时间的淬火验证，有些还停留在理论探索尝试阶段。

以科学工作逻辑为前提，理性思考框架下的逻辑、结构、系统、解决、数据、突破思维衍生出的工作方法更值得推崇。在做事方面，笔者倡导大胆创新、入微解构、要素集成、找到最小份额四种方法。其中，大胆创新法可应用于方案设计、突破技术瓶颈、解决复杂问题或处理紧急事件，方法背后有逻辑、系统、突破思维支持；入微解构法在解题、设计流程、提出解决方案或分析处理疑难杂症方面具有积极作用，其背后为逻辑、结构、解决思维；要素集成法特别适用于结构调整、系统构建、资源优化配置类工作，背后是逻辑、结构、系统思维；而找到最小份额法多用于模拟测算、数据调试等，背后是逻辑、数据思维。

科学工作逻辑所推崇的工作方法如图4-1所示。

图4-1 科学工作逻辑推崇的工作方法

大胆创新意在打破思维定势和既有框架条款的束缚，综合运用个人知识阅历突破性思考、大胆破局。人们需要拥有一定的知识结构及阅历水平，并保持开放的思维方式才能突破性思考。大胆创新最先是理论层面的研究发现，借助逻辑、系统、突破性思考补充完善、质疑、推翻常识。建立在常识基础上的延伸假设属于创新，超越常识的大胆猜想也属于创新。大胆创新工作方法特别适用于发明创造、外观设计、管理变革、活动策划、创造性解决难题等。

入微解构实为无限分解法，可通俗称其为流程要素无限分解法，包括流程无限分解、要素无限分解，通过入微解剖、层层解构方式突破上一层的难点。入微解构工作方法建立在"任何一种物质或一件事情都可以被无限分解"的理论假设基础上，物质模块、事项要素、作业流程被反复拆解。理论上讲，入微解构可以走向无穷尽，在反复分解过程中从宏观走向微观，直至解除难题或达到满意的适用状态。人们掌握此种方法就可以应对几乎所有工作。入微解构方法尤其需要深入运用逻辑、结构等思维。

要素集成与入微解构恰相反，后者为化整为零，前者则为有机整合，意在有机整合要素、流程，以及减并各种无关或弱相关要素，因此可通俗称之为流程要素整合集成法，它包括以物理模块形式组装为整体、化学反应方式融为一个整体。要素集成工作方法建立在"任何一种物质或一件事情与其他物质/事情总会有某种关联从而可以实现整合集成"的理论假设基础上，各种物质、各种事项、各种概念在系统关联下被组装或者产生聚变、化合反应，在反复整合集成中从微观走向宏观，可以无穷大，直至完成结构和系统的搭建。要素集成方法论需要强大的系统思维支撑。

找到最小份额通俗来说就是在不同的数据计量单位之间找到统一性测量标尺，找到数学上的最小份额，然后在最小份额基础上测算比较和调试数据。常识告诉我们，很难有一把可以衡量长度、面积、体积、质量、重力、温度、速度的标尺，其实这只是我们自身认知维度内的看法而已。人们只需往微观世界探寻，就有机会找到通行于宏观世界的某种要素，这种要素经过算法模型的设计可以被人类拿来测量比它大很多的物质或衡量社会整体。

除了上述工作方法外，鉴于一般情况下人们所面临的既不是纯粹的人工作业环境，也不是纯粹的机器或人工智能处理环境，在团队管理过程中还需要考虑客观规律、人性心理的平衡，即使以客观理性为主也不得不遵循理性与情感审慎平衡的处理原则。

第二节　科学工作逻辑是结果输出的最佳保障

个人或团队依赖过往经验完成所熟悉的工作内容并不难，但无法快速适应工作新情形或陌生工作内容；人们依赖人情面子做成事情，但并不能保证其他人会持续给到情面；人们在上司或其他同事带领下参与达成工作目标，但迟早有一天仍须独立承担工作。找到并掌握有效的工作方法，独自完工或在团队配合下输出成果，已然成为证明个人工作能力与价值的必然选择。在各行各业的一般专业及管理领域，科学工作逻辑是结果输出的最佳保障。

一、关于科学工作逻辑与结果输出关系的论证

关于内在逻辑的因果必然性阐述：内在逻辑指事物发生变化时内在的、必然的联系，建立在因果论假设基石上。结果的产生并非随机性的，活动过程与结果之间存在密切的对应逻辑关系。任何结果或现象背后都有原因，符合逻辑推理或系统关联规律。正向逻辑推进、反向逻辑溯流皆为内在逻辑，通过内部层层推理和外部条件刺激下的一系列行动产生反应生成某种结果。

承认工作行为与结果、管理作为与效益的因果逻辑关系，从大量的实践案例中归纳得出某种结论，是科学工作逻辑以过程行动保障结果的基本前提。

做某件事可从过程推算引导出必然性结果，这是正向线性逻辑，合理预测有助于制定实现预期结果的计划；做某件事可从预估的某种结果倒推引导出必然性过程动作，这是逆向线性逻辑，以终为始之思考可以倒逼行动计划的实施。

人们秉承因果论进行思考，也应注意避免无止境地关联，适当简化推理才能提高决策效率并让工作行为聚焦。人们应当致力于找到可能导致某种结果的主要因素，围绕主要因素提出解决方案和行动计划，追求良性结果，力避不利结果的出现。

因果论的对立面是孤立说。孤立说认为客观事物之间不必然存在联系，无所谓因果链条，客观世界万物运转可以各自独立，可以找不到事件发生的直接原因、间接因素和深层原因、根源。依照孤立假说，我们的工作方式、

具体方法、工作努力与事件结果之间不必然存在联系，就像一幅静态呈现的画作。

宿命论包含了"无论如何努力也改变不了注定的结局"的意思。因果论是人类对目所能及现实世界的朴素认知和思想沉淀。

关于结果可控的论证：在没有外界意外干扰的情况下，一件事情的处理结果不会以飘忽不定、不可理解的方式呈现。结果建立在选择和努力的基础上，人们做出目标及方式方法等选择，并借助资源、外力干涉等因素推动过程朝着预期结果方向行进，其轨迹可循，结果自然可以被推算。

假定结果完全不可控而过程中没有施加任何影响，同等条件下模拟同样的过程，每一次都会有完全不同的结果状态且无任何规律可循，那么不存在结果稳定性和一致性，因为一切都是随机的，结果完全不可控。如此一来我们所依赖的科学理论及对世界运行秩序的认知全部被颠覆，人类的知识体系全部都要推翻重构。人类在实践中看到了过程与结果的内在联系，并能利用规律控制结果的方向，完成精确推算。现实生活中观察体验到的现象均可以证明结果的稳定可控性、可推算规律。所以说，"科学严谨的过程保障可控的结果"是人们大量观察体验、试验实践的总结，也是人类文明在发展过程中反复验证的规律。只有过程缺失了科学严谨性时，结果才不可控。

科学工作逻辑蕴含了推测、理性、预见、规律、程序、闭环等内涵，足以涵盖一件事情的发端、行动、收尾全流程，具有科学严谨性。人们运用科学工作逻辑，在一般专业及管理活动范畴内让每一件事情的走向结果可控。

在目标设定环节，激情设定目标与结果之间缺乏必然联系，激情设定目标主要表达了个人或团队的良好意愿，在资源严重不足的情况下，人们即使选择有效的工作方法依然难以显著提高目标达成的概率，如果目标设置直接违背了客观规律则更无法实现。人们清醒地认知自身资源条件及外部环境挑战，基于理性的决策确定目标，才是科学工作逻辑的行为表现。个人或团队倘若缺乏预见性，容易乐观预期未来。理想的结果是科学谋划出来的，需要尊重合理行动周期和预留机动时间，计划管理若完全无机动余地，过程中稍有变数就会处于被动境地。拼结果拼的是计划和预见能力（科学谋划能力）、执行力。当政策/资金/人力/技术/设备/场地/时间等资源有限时，工作全面铺开是大忌，聚焦目标与任务方为尊重规律的科学决策。多数时候我们幻想获得理想结果状态却用忽视努力过程的侥幸心理期待结果，最终结果与希望（幻想）形成巨大反差。人们只有积极深入排查隐患，做最坏预期才能理性评估风险，即从不抱任何幻想但致力于消除或减少过程中的不确定性风险，让工作过程足够可控才能接近或达到预期结果。

我们在工作中应当既不迷信经验也不懈怠，遵照科学工作逻辑关注和落实每一个关键细节。合格的程序保障合格的出品，精益的程序保障优良的出品。人们只要不随意打乱、不贸然删减工序，在必要资源允许的情况下，完整的程序足以堵住各种疏漏，将风险消灭在萌芽状态，自然带来符合预期的结果。劳动者基于解决问题视角投入工作，每一项工作都朝着解决当前现实问题、消除未来隐患方向前进，不仅能提供结果，还能保证结果的质量。

个人或团队应将每一项工作过程划分为多个阶段，针对每一项工作内容设置必要的程序及闭环管理措施，实现事前计划和预案、过程监控与纠偏、事后总结及推广全流程闭环——科学工作逻辑下的工作过程管理是预期结果的坚实保障。

二、关于工作方法与结果输出关系的论述

一个人的方法论水平受到个人思维方式和知识结构的影响，学习方法论、工作方法论、生活方法论都属于方法论的范畴。工作方法论包含了学术研究、

经营管理、商务交际谈判、社会治理等广泛的社会研究实践领域的方法技巧、对使用工具的认知与选择，用于认识并改造世界。

方法论是可以理论探索的，也是可以梳理总结的，林林总总的方法论通过实践验证和修正。科学的工作方法往往是经过理论论证过的，或是对过往经验进行梳理、总结、提炼形成的，而且能够与时俱进。每一项专业工作都可以找到方法论指导。科学的工作方法让工作化繁为简、举重若轻，人们遵循科学的工作方法能切实有效地解决问题或实现既定目标。错误或落后的工作方法导致工作陷入"迷宫"、负重前行，解决不了实际问题或严重偏离既定目标的路线。符合科学工作逻辑的工作方法可以保障正确结果输出的高概率。

工作方法与工作效率之间属于正相关关系，合适的工作方法策略可以合理缩短完成工作所需的时间，减少不必要的资源消耗。方法还与质量有关，专业的工作方法策略可以提高工作成果的质量，还能确保行为过程的准确性、严谨性、风险可控性。不同情形下个人或团队可以选择不同的工作方法，但须通过逻辑推理能推导出组织想要的结果。科学适用的工作方法及先进工具是加速器，让投入产出呈现高效率、高性价比特征。一项统计工作由传统人工完成，有的人需要数月，而有的人只需两三天，但交给计算机则只需数秒——选择的方法和工具不同，结果输出效率差异悬殊。

专业工作者掌握科学有效的工作方法可以快速交付组织想要的成果；非专业人员用非理性的方法做专业的事，其效率、效果必然失控。专业工作者长期钻研某一块业务，经常需要思索解决困扰业务领域的难题，基于科学工作逻辑选择有效的方法和设计贴合实际的解决方案，最终成长为该业务领域的专家。人们在研究、设计、执行活动中经常遇到难题，所谓难题不过是人们在特定视角和维度下的认知，通过入微解构法将难题反复分解，其自然迎刃而解。反复分解的过程看似花费了时间，但比起陷入停滞所付出的成本代价要小得多，还能有效解决问题。

对于团队管理，组织应首先解决战斗方向、战斗动力的问题；其次解决思维方式、工作方法的问题；再次教育训练、推广普及切合业务场景的业务技能，贯彻标准化的作业程序；最后针对性提升技能短板，循环往复。

组织成员普遍存在自我设限、自我否定的现象，当躲避不过目标/任务时就只能被动接受。有两种因素导致组织成员自我设限：第一种因素为沉没成本影响决策，即劳动者在某个方向上付出代价太大很难割舍，割舍意味着否定自己曾经做出的系列决策、路线选择和努力，之前的沉没成本是巨大的，杂糅了情感取舍；第二种因素为思维惰性与认知受限造成尝试意愿缺乏，即成员缺乏信心、勇气及有效的工作方法来改变现状，结合自身的性格、思维、工作方法等条件限制，自我设限乃趋利避害的选择。第一种因素与目标方向、路线选择和纠错勇气有关，第二种因素与思维方式和工作方法有关，其中，受思维方式影响的工作方法是组织成员自我设限与自我否定的重要因素。解决了方向和路线、工作方法有效性的问题，组织成员必然能突破潜意识限制，在工作中提供组织想要的结果就顺理成章了，完成挑战性目标或任务也是大概率事件。

工作者将大胆创新、入微解构、要素集成、找到最小份额法应用于不同的工作场景，将工作事项变成有规律可循的规范性工作内容，从而降低工作难度，提高工作结果的稳定可靠性和反复一致性。

三、让实践结果验证科学工作逻辑的有效性

学者提出的公理、原理、定律、定理、公式、猜想等必定受限于人类所赖以生存的时空环境和知识积累水平。人类所有的理论假设，都需要事实证据、实验结果的直接或间接验证。符合科学工作逻辑的大胆创新、入微解构、要素集成、找到最小份额方法与输出工作成果之间的相关关系究竟如何？除了推理论证外，我们不妨用大量案例证实它们的正相关关系。让观察和实践活动验证基于科学工作逻辑的工作有效性，也即用"数据、证据、事实"说话。验证某个理论观点正确与否或工作方法的有效性需要足够的测试样本或实战案例数量，不能凭借有限的个例证实或证伪。

大胆创新尤其适用于理论技术突破领域，人类的思考通常受制于思维惯性而不自知，思维活动围于某个无形的框架无从扩展，只有不受理论常识、既有技术原理和规则的束缚，提出大胆猜想或推导出新定理才有可能取得理论技术的实质性突破。大胆创新工作方法不受习惯性思维的束缚，也不受既有世界运行规则的钳制，还不受经验的局囿。完善现有理论等于在前人开辟的理论道路上继续前进；开创全新理论、突破技术瓶颈需要自行探索开辟一条路线，难度不言而喻。

入微解构最大的优势是当人们遭遇难题时不妨进一步分解流程或要素，如果仍然无法解决问题，那就再进一步分解流程或要素，以此类推不断拆分，理论上可以无限分解直至问题迎刃而解。入微解构看似笨拙的流程/要素无限分解方式，实则以无穷解剖的钻研姿态不断深入探察事物的本质，无须花哨的技巧，只需足够的时间即可解决问题。入微解构的工作方法从某种意义上来说属于换个维度解决现有维度的难题。

在统筹协调或系统性建设工作当中，要素集成工作方法比较实用。对于表面看似不相关的多个要素或事件，我们可以通过关联性思考将其整合为一个整体；对于各类元素，我们能够通过施加外力使其产生化合反应或聚变反应；对于各种模块，我们可以通过不同的结构组装方式构建出一个全新的整体。要素集成意在系统集成相关要素，而非简单的松散堆积。结果产出及其实用性是检验科学工作逻辑的重要依据。

找到最小份额其实是在不同数据、不同空间或不同概念范畴内找到一种共通的介质，例如人体的细胞或血液，又如不同物质的原子。为了方便数据测算和套试，需要统一最小度量衡，找到最小份额就是为了找到一个最小的可换算的计量单位份额，在一定范围内的所有数据都由最小份额组成。我们可以用最小份额法对不同业务的数值进行衡量比较，如比较人均产值、单位面积产值等；还可用最小份额法对不同物质的数值进行衡量比较，如比较最小粒子数量。

大胆创新、入微解构、要素集成、找到最小份额方法能够跳出感官维度视角，解决复杂表象困惑下的问题。基于科学工作逻辑的具体工作方法突破了笼统感知和时空限制，使人们从容化解工作压力，不再为工作焦虑。

第三节　关于科学工作逻辑的主要见解

科学工作逻辑内涵中包括合理推测、理性、规律、程序、预见等表述，需要方法策略的具体支撑。科学工作逻辑同时也蕴含了工作过程动态平衡的哲学，关乎人性/心理的洞察及沟通艺术、实施策略，以及撬动人性的规则，对工作的顺畅推进不可或缺。基于系统平衡思想的指引，关于科学工作逻辑的主要见解有：知规律，通人性，察心理；程序严谨，策略灵活，艺术沟通；设计解决方案遵循简单、简明、简便三原则。

一、知规律，通人性，察心理

知规律：充分认知和尊重规律，若违反规律交付成果，那么在工作过程中会增加副作用、埋下遗患，事后终将付出代价。对于大事要事，如果违反规律，在多种风险因素作用下可能引发毁灭性灾难。不与人打交道时应尊重规律、建立公式、精确计算；与人打交道时以尊重规律为主，同时考虑人际因素的平衡处理。知规律包括但不限于掌握研究方法、构建应用模型、精确计算、看懂技术图纸、了解设备运行原理、制造和应用工具、学习计量分析知识、掌握博弈理论、把握经济增长规律等，知规律需要自然科学与社会科学领域思想理论及应用技术的支撑。

　　人们研究社会规律、自然规律是在运用智商，认知世界的构成及运行方式是必要的，知规律而利用规律能够创造物质文明和推动社会精神文明的进步。人类发展的意义之一就是要延续文明，传承、改进、创造包括科学文化艺术等在内的文明成果。人们学习掌握知识、探索发现和尊重规律，不仅能够认知和改造世界，还能够提高生活质量，让更多的人过上幸福的生活。

　　通人性：自私、贪婪、爱（善舍）是人性的三大源头，其中，自私是本能，贪婪由强烈的索取欲望所致，爱源于性格、情感、价值观和格局。进化的生存本能赋予人类自私自利之天性。人们在死亡威胁面前出卖他人，在食物匮乏环境中会偷储粮食而不是分享……这些都是自私的表现。资源的有限性和人们需求的增长之矛盾催生了人的贪婪。资源越缺乏，人的索取和占有欲望越强烈。爱是人性的升华，让人们能够做出伟大的牺牲或割舍利益行为，譬如抚育他人的孩子、捐献个人钱财和器官救助他人、为了民族/国家的科技发展而奉献一生……心中有的爱的人，闪耀的是善良的人性光芒，很多人都具有舍己救人、舍己救国、舍小家顾大家的大爱。

　　人类是社会性动物，工作生活离不开家庭、家族、街坊邻里、单位同事、社会团体，完成一件事需要人与人之间的配合。通晓人性并撬动人性可以减少工作生活的烦恼。人们首先要主动认知和尊重规律，其次应通晓人性，工作过程不违背人性且要学会撬动人性。通人性的行为有：利用分配杠杆刺激和顺应人性、婉转表达照顾对方的心理感受、委婉拒绝他人的不合理提议……

设计激励规则、分工调整、团队活动、人际交往、游说决策等行为尤其需要通人性。洞察人性后的激励规则能够让正负激励措施产生杠杆力刺激人们的行为表现；调动人性的分工协调容易让协同工作者快速认知角色和接受任务；引导人性的团队建设活动可以凝聚人心、提振士气；善用人性的人际交往能够润滑人际关系和增强合作意愿。敏察人性的人善于换位思考和影响他人决策。

察心理：人是复杂的灵长类动物，精神世界的丰富性与人类的物质文明水平有直接关系。截至目前，相关研究仍未足够了解人类的心理活动。人的心理活动依存于大脑及其他承载意识的器官组织、信息传递介质，交织了情绪感受、形象画面、理性思考、潜意识等。

人们在面对外界环境变化或自我需求时心理活动丰富，一个人的心理活动会直接影响到其行为动作。敏锐洞察和揣摩一个人的心理活动并快速反应——避免过度刺激对方情绪或趁热打铁促成决断，耐心安抚他人使之消除心理顾虑，如此才能推动工作有序前进，减少人为阻力。

心理觉察、心理揣摩、心灵交流都属于察心理的具体活动。在工作交往中，必要时我们需观测交往对象的表情变化，推测其心理波动。由于个体具有差异，每个人在探察他人心理活动时会得出程度不同的推测，甚至有时根本感觉不到周围人的心理变化。人们可以通过学习获取知识规律，通过观察和体验、实践教训提升个人对人性的通晓程度，但察心理较难，需要依赖人的理解悟性和反思深度。

这个世界是由自然世界和社会科学规律、人性、心理意识混合反应驱动的。其中，规律最为重要，人们尊重和运用规律有助于输出结果。人们在工作中需要冷静理智、遵循客观规律做出选择。虽然工作者明白规律为大，但其人性却禁不起外界的诱惑。因此在工作中除了做事需要遵循规律外，通人性、察心理也是必须考虑的因素。

认知并遵循规律、通晓人性和洞察揣摩心理是"知规律、通人性、察心理"的初级运用，植入规律、满足人性和撬动心理才是"知规律、通人性、察心理"的深入运用。人们在工作中应当遵循科学工作逻辑，选择有效的工作方法，潜心研究和运用事物的规律，主动洞察和引控人性，善于揣摩心理。对于非自然科学技术领域的一般专业及管理工作，人们只要知规律、通人性、察心理三管齐下，就将无往不利。

商务谈判是实力与心理的综合较量。势均力敌情况下须保持战略耐心，敢于在心理意志方面进行较量，灵活调整策略争取达成共识，同时做足预案（最坏打算）。在重大方案及体系设计工作中，思想理论依据和规划思路体现出系统构建水准，设计以尊重规律为主，注意规律、人性、心理的平衡，将体现底层逻辑的理论与思路植入方案和体系中，让其有规可循。体系建设者设计制度时，当以小人之心设计规则，以君子之态弘扬文化。培训主持或谈话勉励时，不以长辈或领导自居，婉转表达更有可能撬动人性和照顾心理感受。用人单位对员工实施激励时用"论功行赏、有过追责"来唤醒人性的贪婪，逼退人性的自私。组织发展工作者应大胆运用分配杠杆撬动人性：正激励不足、负激励过度，受众群体必然怨声载道；正负激励均不足，受众群体反应平淡；正负激励均过度，会出现贪婪成性与消极怠工两种异常现象；正激励过度、负激励不足，对受众群体虽然利好但组织的投入产出不合理，有损投资人利益。人们所厌恶的组织举措反复出现，就会遭到受众群体的消极抵制，组织缺失了正负强化手段。那么如何巧用分配杠杆解放人性，让人性的力量在管道中释放呢？正激励至少要达到受众群体中多数人判断的"值得积极行动"的临界点，负激励要让受众群体真正感受到"痛"。当对优秀者或高潜人才委以重任时，我们不妨迅速满足他们提出的合理回报条件，哪怕是个性化需求。如果组织给出了精准诱因，那么就会撬动人性。在观测心理活动方面，准绳测试于刑侦工作中应用得比较成熟。辨识和排除嫌疑人的准绳测试建立在心理学、生理学理论基础上。专业工作人员通过混合提问相关问题、准绳问题、不相关问题，借助仪器观测判断人的心理活动。

二、程序严谨，策略灵活，艺术沟通

程序严谨：我们需要养成一个程序大脑，遵循标准化、工序化进程的有序世界是一个过程可控、结果状态可预测的世界。在人工作业方面，人们准备工作周全到位、不精疲力竭决不罢休，提前做足做透预案，巨细无遗地沟通，不放过任何一个关键细节；在机器作业方面，人们为机器设备编定程序、运行算法，让机器像人一样自主学习、修复错漏、设计制造产品。严谨的程序应该固化为作业流程，流程水平影响质量标准。粗放的或过于宏观的程序并不能保障高标准，应建立微观作业程序（子孙微流程）弥补宏指导观程序的不足。

程序管理在机器工业制造领域得到普遍应用，生产工艺流程、质检流程、应急处置程序保证了工业制成品的合格率。程序管理在人工手艺制作方面同样发挥了作用，只是有些传统手艺以经验的形式代代相传，并未形成书面程序。各种管理工作也离不开程序管理，它让管理不再神秘、不再无章可循，任何管理在本质上都是非艺术手段。

策略灵活：工作过程中总会发生问题且充满变数，每一次危机来临时人们都有机会通过快速调整转危为安。紧急状态下，人们采用灵活策略既是生存之道也是突破之机。人们只有跳出思维惯性、善于转换思维方式，即拥有"灵活运用思维力量的意识和能力"，才能灵活处理棘手问题和创造性解决现实难题。人们按照既定严谨程序做事，但发生异常时僵化的程序必将导致僵化的结局。异常处理人需要遵循过程调整法则——过程调整法则指如果发现这样做可能没有结果或催生更多问题，中途一定要停下来检讨并换另一种做法试试，即在发现既定策略流程根本无法按计划产生结果后，须刻不容缓调整策略与流程。

严谨的程序是为了保证预期结果的实现，灵活的策略也是为了保证预期结果的实现，两者并不冲突。前者在常态运行中起到主导作用，后者在发生异常或停滞时起到纠偏作用。目标不变，原来的程序路径出现问题后，人们既可以在原来路径中修复，也可以在途中变换路径。变化策略的目的不在于改变目标，旨在避免因一味坚持既定程序和原定策略而受到损害。

艺术沟通：为了确保沟通顺畅，我们采用了倾听、快速响应、分析利弊从而说服、思想渗透式影响等系列艺术性沟通方式。理论上理性直白表达的沟通效率高，然而由于人之心理与人性具有复杂性，有可能欲速不达。沟通过程中走弯路看起来要慢一些，但却有机会消除或缓解矛盾，减少一方的心理抵触并增强合作意愿，从而扩大共识，综合成本就有可能达到最少。

艺术沟通本质上是将沟通对象视为拥有复杂心理活动和丰富情感的人，采取充分顾及沟通对象情绪感受的沟通方式。艺术沟通主要用于商务谈判、情感交流、营销广告、顾问销售、谏言游说、信任激励等广泛的活动场景。对于战斗部队的作战命令传达和意见交换，直白式表达能够避免任何一方误解意思；对于专家学者之间理论观点的碰撞，清晰地表达思想见解有助于他人准确理解观点。艺术沟通的适用场景具有局限性。

从因果论角度看，人们遵循科学严谨的程序，拒绝高风险、高不确定性的机会主义从而保障输出结果符合验收标准。创新是"善大",如颠覆规则的创新变革;精益是"善小",如程序严谨就是"善小"之作为。在工业生产中,精益生产是程序严谨思想的重要体现。高标准的工业产品是在精密仪器、严谨程序和严格技术标准下生产出来的。人们在治学和做事方面态度严谨、强化程序运作也比较常见。旨在解决普遍性问题、遵循严谨程序输出的解决方案即系统性解决方案。设计系统解决方案时从不缺省环节,但并不意味着必须僵化,特殊情形下设计者可根据时间节点倒逼调整各环节所耗时间、精力的权重,即强化关键环节、淡化其他环节(此条未必适合精密制造业)。

商务洽谈过程中在原则问题上我们一定要坚守底线,非原则性问题则大胆灵活处理。谈判陷入僵局时,总有一方需要主动调整,这样才有转机。目的可以不变,商务谈判人士能屈能伸、敢进善退,策略极其灵活。能否灵活调整策略既与人的性格、思维方式有关,也与授权程度有关。风险管控的严格程度不能成为业务发展的障碍,否则就会严重影响业务灵活性和发展张力。灵活也是有限度的,在商务洽谈前就应设定底线和明确谈判原则,确保洽谈过程中的分歧在整体决策框架内灵活调整。组织政工干部必须掌握艺术沟通方式。艺术沟通的前提是有主见、有原则,也有灵活操作的空间,并非简单的妥协退让。艺术沟通的主动一方重在照顾另一方的情绪感受,表达意见虽婉转但清晰无误,仍然以理性分析为主导,意在增强对方接受提议的意愿,同时针对对方非触碰原则性的诉求进行灵活处理。程序严谨体现了理性行为,策略灵活正视了特殊情况的存在,艺术沟通承认了人性与心理的复杂性。

有关程序、策略、沟通的平衡思想特别适用于咨询服务场景。"准备充分、程序严谨、策略灵活、艺术沟通、人走留香"完全可以作为一名合格咨询师的咨询服务行为准则。咨询服务行为准则其实也体现了自我闭环管理——严格的自我闭环管理在正常情况下必然输出扎实的成果。

三、设计解决方案遵循简单、简明、简便三原则

规则简单：任何一份科学的解决方案都应该有思想理论的指导，思想理论以规则的方式融入方案内容中。规则是方案核心思想的集约表达，规则呈现为方案的制定原则、主线逻辑、刺激条件与触发条件、强制性规定、解决问题的方法举措、操作标准与作业步骤等内容。

规则是方案的灵魂，组合规则是方案主要理论依据的集合。方案规则有核心刺激、强制约束、辅助牵引三类，其中，基于因果逻辑的核心刺激规则是所有规则的核心，其他为有益补充。同一份方案不同规则之间有内在逻辑关系，密切关联。核心刺激规则既强大且唯一，方能解决组织所关注的实际问题，方案设计者增设强制约束规则以消除核心刺激规则所引发的副作用。方案设计者有时为了强化刺激特定群体，会力求核心刺激规则简单粗暴，不惜付出更大代价解决现实难题或解除危机。

解决方案分为自然科学技术解决方案、社会科学解决方案，前者围绕"物"解决问题，后者围绕"事"与"人"解决问题。技术性解决方案需要理工科专业知识理论和具体技能的支撑，组合规则中的核心刺激规则一定是技术语言或由技术语言转化的业务语言。社会科学解决方案的组合规则简单清晰、互不冲突，核心刺激规则鲜明，既有社会规律的体现，又足以撬动人性或直接解决问题。

内容简明：内容简明涵盖了主线清晰、逻辑严密、结构紧凑、行文表达采用高级语言文字等意思。高级语言文字包括但不限于标题、术语、名词、缩略语、短语、短句、数字、符号、公式、模型、图纸、表单、导航等呈现形式。内容的简明首先体现在以简短的语言文字（包含数学语言）、图形符号等准确表达思想；其次体现在人们容易理解和掌握，忌讳语言文字晦涩难

懂。内容若繁杂庞大必有赘余，致使方案规则隐藏其中，反不利于规则产生威力。受众阅读一份方案应能直接感受到规则的力量，可以直观判断该方案能否解决某个问题。若方案内容简单明了、易于理解且不会产生歧义，执行起来就会方便很多且容易推广，如此这个方案就是好的方案。

部分人倾向于做加法，堆砌无关紧要的语言导致内容表达偏离了主题。人们追求方案内容简洁明了事实上是在做减法，人们通常知晓做减法的道理，然而知易行难，面对自己独立制定或主导制定的方案难以理性地大幅削减内容，更难以推倒重来。情感取舍和沉没成本是方案内容简明原则的障碍因素，方案设计者若要致力于设计有效的解决方案，就必须得学会有所舍弃甚至自我颠覆。

任何一份方案都无法承载过于丰富的思想，也无法解决所有问题。内容简明程度反映了方案设计者的关注点、思路清晰程度及语言文字表达水平，这当然需要知识、技能、阅历的支撑。内容重复冗余，既反映了方案设计者的思路混沌，也反映了其表述能力的严重不足。

操作简便：我们常谈论方案或制度的实用性，实用性大小取决于方案所能发挥的实际用途价值，以及投入应用场景后的好用便利程度。当设计方案转化为实施方案时，需要贴合工作场景以便于实施。方案的系统完善性、智能化水平和落地可行性是评估方案是否简便实用的基本依据。

方案落地所需的配套应用工具实现智能化、人性化设计，是操作简便的核心指导思想。方案偏向于智能化和人性化则便于操作、省时省力省心。操作简便的方案在得到全面推广后，组织会投入必要资源以搭建底层架构、设计底层逻辑，将成熟的方案软件化、自动化、信息化。

解决方案若无简便性就会直接影响操作的可行性。方案落地所需的操作流程及工具建立在人们短期内所能拥有的现实资源基础上，如果方案的可操作性（简便智能）不强，作为使用方容易"浅尝辄止"或干脆"另起炉灶"。工业品的迭代皆遵循了操作简便的原则，降低操作难度、提高操作的自动化水平和智能级别，以此解放人们的双手双脚，甚至部分替代人们的大脑思考，从而广受消费者的欢迎。

有些情况下方案设计者缺乏必要的理论基础，强行堆砌内容或内在联系松散，让方案失去了推动力量。决策者评审、人们查阅一份方案，会先寻找方案中的主要规则并发现规则之间的关系，缺失或割裂规则的方案在设计端就已失败。朴素的认知和丰富的经验固然能让人们提出契合实际的解决方案，然而其应用扩展性有限。人们只有结合知识学习和实践思考才能掌握足够丰富的理论知识，以理论指导方案从而提高方案的科学有效性。

方案设计者设计解决方案不应苛求完美，但需践行三简主义：规则简单、内容简明、操作简便。看起来完美无瑕的长篇解决方案不仅规则深藏，而且内容晦涩，操作更是复杂。当发现既有方案规则存在重大纰漏或无法有效解决问题时，方案设计者要舍得将方案推倒重来，大胆改变规则。方案设计者用解决方案呈现原理、规则，需要将选用的某种理论假说植入其中——没有强大内在逻辑的方案必然是苍白无力的。一般专业及管理工作方案设计者在设计解决方案时可一并将"知规律、通人性、察心理"思想融会贯通，以科学工作逻辑工作方式提出解决方案。高水平的解决方案是结果质量的基本保证，即在设计端确保结果的可实现性，真正实现预期目标还需要执行端的努力。

人们遵照"规则简单、内容简明、操作简便"的原则实践，以结果验证方案的有效性。设计者在设计方案时多问几个为什么、多些预见性思考，从而确保解决方案的"三简"原则对结果及质量产生决定性影响。方案设计者应深入了解方案设计的背景及其必要性、紧迫性：当前存在什么问题及影响有多大？它们背后的同一规律是什么？需要必须、马上解决吗？设计者进一步思考：解决问题的方法策略、具体步骤有哪些？解决问题所需的资源消耗与效果价值如何？方法策略会产生哪些副作用？能预先消除隐患吗？消除隐患的措施有哪些？有了上述一系列思考和基本答案后，设计者可抓住要害，集中围绕"设计什么样的组合规则（核心刺激规则+强制约束规则+辅助牵引规则）"提出方案。任何应用型解决方案都必须立足于现实环境，根据资源配置量身设计简单或系统解决方案。

第四节　简述科学工作逻辑的应用价值

科学工作逻辑建立在一定的理论假设基础上。每个人都希望用自己的经验能力解决问题并异于常人，然而人类的进步需要自然科学技术和社会科学规律的研究应用。人类是社群动物，其生存发展靠的是种群智慧的力量、繁衍进化的力量。各种理论是人类经验阅历的智慧结晶，个人的经验阅历毕竟有限，用个人经验成果武装自己终究比不过从人类经验教训中提取的理论武装自己。

科学工作逻辑可应用在组织建设、团队管理、资源分配、分工协作、生产劳动、社会保障、会计管理、质量管控、社会服务等广泛的领域。科学工作逻辑主要内涵包括合理推测、理性思考和决策、预见风险、尊重规律、恪守程序、问题管理、闭环管理。合理推测直接应用于数据统计分析、数据预测、目标设定工作；理性思考和决策在规划决议、路线决策、方法评估、人事任免决策等工作方面具有重要的指导意义；预见风险适用于各类工作；除了情感生活和想象类工作外，绝大多数工作种类都需要以尊重规律为核心，这样才能让工作不偏离正确轨道；农业生产、工业制造、标准服务都必须恪守程序，依据作业程序有序开展活动；问题管理旨在解决日常工作中的普遍性问题，同时处理个例异常，弥补程序化、标准化作业中的错漏；在理性思考前提下的决策需要行动来落实，所有的执行都需要实现闭环，闭环管理适用于所有具有目的性和目标性的工作。

科学工作逻辑需要工作者主动应用和在实践中不断修正才能产生价值，没有个人或团队的大量实践而谈应用效果就是纸上谈兵。于组织而言，领导队伍与管理团队科学有效的工作行为过程是结果的最好保障。不能提供结果的组织成员，其能力是有水分的，工作方法是有待推敲的。缺乏科学过程管理的组织目标承诺和蓝图描绘等于一堆数字谎言。有效的工作方法能让工作开展产生杠杆效应，高质量的工作成果是工作者的"护身符"。运用"大胆创新、入微解构、要素集成、找到最小份额"等工作方法有机会让使用者成为组织的稀缺人才资源。

人们只要理解并掌握上述科学工作逻辑的内涵、工作方法、主要见解，并愿意付诸实践，那么组织绩效考核及其他正负激励措施就不再是组织成员的心理负担。劳动者只需以积极姿态、科学有效的工作方法开展工作，组织的合理预期结果就是人们劳动结束水到渠成的自然输出。除了偶然性的运气因素干扰外，一般情况下过程的科学性保障结果的确定性。

客观而言，科学工作逻辑有其应用的局限性。擅长科学工作逻辑的人在商业交易、经营生意范畴并不能有效促成交易，也不能让营业额突破性增长。思维严密、理性思考的人固然长于规律的研究，对人性和心理也有一定的认知，但容易使推理复杂化、偏重于风险，通常缺乏强烈的功利目的，这在商务交际、资源变现、产品推介、用户体验、促成交易、逐利成长方面反而成为缺陷，只有业务工作逻辑才能适配业务及经营活动。擅长技术工作逻辑的人同样为研究规律者，但他们的研究对象为事物，尤其是包括物质运行规律在内的自然界现象，更为纯粹。技术工作逻辑对人的智商要求更高，偏理工科范畴，既不要求通人性、察心理，也不要求策略灵活、艺术沟通。即使如此，科学工作逻辑依然用途广泛，覆盖进入门槛不高的通用类专业和各种管理工作。一般专业及管理者学习掌握了大胆创新、入微解构、要素集成、找到最小份额工作方法后，将其应用于专业工作或管理活动必能提高工作效率、产出高质量的工作成果。

假定选定的方向和方法正确，就能推算预期结果的发生概率（不能为 0，概率越大越值得去做），只要付出足够的努力（有效尝试数量和有效投入时间的积累），那么接近或达到预期结果属于必然事件。

名词解释：

因果律：现象与原因之间的时间先后必然联系，有因必有果，有果必有因，属于客观必然的事理。

估值：评估包含企业在内的各类组织的价值，主要以财务估价形式体现价值。

功利主义：追求实际利益、实际效用的行为。

MBO：Management by Objective，目标管理。组织成员参与确立目标，组织与成员取得目标共识的管理活动。

KPI：Key Performance Indicator，关键绩效指标。围绕组织战略设立和分解指标，量化工作绩效表现的工具。

PBC：Personal Business Commitment，个人业务承诺。员工承诺目标和结果，员工与组织共同确认工作方法与行动举措，团队承诺交流协作。

OKRs：Objectives and Key Results，目标与关键成果。组织与成员协商确立并共享目标及达成目标所需的关键成果，目标与关键成果具有短周期、移动性、可变性特点。

BSC：Balanced Score Card，平衡积分卡，从股东回报（财务）、客户价值、内部运营、学习与成长四个视角连接战略与绩效管理体系。

360°反馈：多源反馈评价方式，采集分析与被评价人有密切工作联系的上司、下属、同事、客户的反馈信息。

用户评价：客户于 App 交易平台下单订购产品或服务，在配送过程中和收货后在线反馈意见，包括上传图文、星级评价、打赏、投诉等。

诱因：满足个体需要或褫夺个体需要的物质或精神刺激物（正负诱因），一般为外部因素。

组织绩效：将组织总体目标按一定逻辑关系层层分解到各级组织负责人身上，各级组织负责人带领部门队伍完成目标/任务的数量、质量、效率及盈利情况。

规律：客观事物的本质联系，具有普遍性、稳定性、可重复、可验证的基本特征，能以概念、猜想、假说、公理（无须证明的规律）、原理（普遍性结论）、定律（已验证的理论）、定理（由公理和定律衍生的理论）、公式等表达，支配自然及社会现象。

或然：有可能但不必然。或然性推理属于盖然性推测，表示大概率发生。

必然：确定的事理，前提为真结论亦为真。必然性推理揭示一定不变的趋势，一定发生。

逻辑：有关思维的概念，客观事物的内在联系。

程序：先后有序的环节步骤、工序流程。

机会主义者：又称为投机主义者，通常缺乏原则性、忽视过程实践，利用机会和信息不对称获利，主观意愿和客观实际割裂。

沉没成本：之前已投入且已无法产生效益的各项成本，包括经济成本和情感投入代价。

受众群体：指信息传播面向的对象，可扩展为所覆盖的群体。

准绳测试的相关与不相关问题：相关问题指通过提问与案情密切相关的问题，造成被测人的心理压力、生理变化。不相关问题指混合提问一些中性问题，与案情完全无关，作为隐蔽性的手法。

准绳问题：通过提问与有关道德品质的对照问题，同样能造成被测人的心理压力、生理变化。

自然科学：观察、研究自然界现象的科学，包括物质形态、结构、性质、运行规律等。

社会科学：观察、研究人类社会现象的科学，包括社会经济、政治、军事、管理、法学、教育等。

一般专业及管理工作：指通行于各行各业、各类组织的社会科学学科类专业工作，以及团队管理工作。

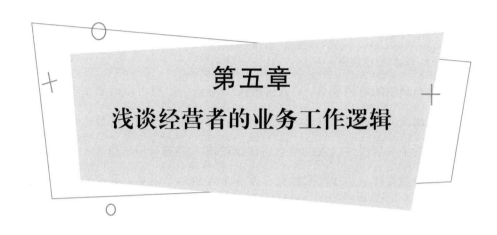

第五章
浅谈经营者的业务工作逻辑

第一节　找到业务及经营擅长者

一、简论信念与环境、选择与努力、意愿态度与现能潜能

在舆论宽松的社会环境下，各种思想观点长期并存。学者及思想践行者各执一念，人类文明在弯路中前进。笔者从组织工作视角深入思考"人的信念和环境、选择和努力、意愿态度和现能潜能"之间的关系。组织决策人及主要职业经理人思想倾向不同，会直接影响组织决策，最终沉淀为组织的文化与管理基因。作为组织负责人，是通过集中教育训练培养输出优秀人才还

是侧重物色高潜人才，是优先选择天赋擅长型人才还是重点使用后天努力型人才，是尊重个人意愿鼓励自由发展还是依据个体现能潜能定向引导发展？依据不同的理论假设得出的结论迥然不同。

（一）基本思想观点

信念与环境的思想观点："人定胜天"等信念思想可以追溯到春秋战国时代，突出人类在利用大自然、改造社会、改变命运过程中的核心作用，强调发挥人的主观积极性。人的信念思想反映出人类的自信、意志、勇气，在学习掌握自然规律、治理国家社会、改变个人命运等诸多方面有明显的积极意义。认同"人定胜天"等信念思想的人通常比较乐观自信、富有活力，愿意付诸行动实现个人或组织目标、积极改变周围环境。在付诸实践过程中，信奉"人的信念第一"的群体无论付出多少努力仍然不能改变趋势时，其信心会产生动摇。

东西方思想文化中均出现过"社会环境决定论"的观点论调，即人的命运轨迹必然受制于社会环境。其认为人世间的一切事物运行都有既定轨迹，现实中人的意志无法超越社会现实环境。图腾崇拜、宗教信仰的出现和盛行，从侧面反馈了人们的精神世界中存在着对不可知因素的恐惧以及对命运定数的情感寄托。"社会环境决定论"对于安定人们躁动的心和稳定社会秩序具有一定的作用，同时也会引发人们的消极行为。

人类历史中存在信念与环境关系的论述，这与知识水平、族群文化、个体性格、年龄段、生存环境有密切关系。环境的残酷性和资源条件的限制使得只有少数人能够凭借自身努力和对机会的把握改变命运。一个人的年龄越大，其精力和身体健康条件越加受限，就越倾向于认同"社会环境决定论"。相较之下，年轻人更容易接受"人定胜天"等积极信念。人类凭借单纯的理性不能创造奇迹，结合内心深处的情感和梦想自励才能创造命运的惊喜。朝气蓬勃的年轻人和不服输的中老年人都可以充满挑战的勇气，自我激励寻找和定义人生的意义。随着对自身条件及周边环境的深度认知，人们对奋斗意义的思考开始分化，并走向截然不同的方向。

选择与努力的思想观点：努力代表了行动的程度、量的积累。努力意味着持续的行动付出，用务实的行动达到组织或个体所期待的理想状态。没有行动何来结果，行动和结果之间具有因果关联。理论上量的积累达到一定程度，就会达到质变的临界点。一个人或组织设定的目标越高，越需要付出超出常人的努力和代价。量的积累过少，直接影响结果：寻常人通过常态努力，能取得一般性结果；通过超乎寻常的辛勤努力，则能取得理想的结果。

努力反映的是勤奋，选择考验的是大智慧。选择的方向不对，付出的代价与回报之间会出现偏差。每一次关键路口的选择，对于组织生存与发展、个人生涯发展有着至关重要的影响。人们在人生的不同阶段面临各种选择——择校、择业、择友、选择伴侣，选择不慎可能为之付出沉重代价。人们仓促选择会增加错误概率，犹豫不决又会错失机会。人们注重方法策略并加倍付出努力，或许能为自己带来新的选择机会。到底是选择重要还是努力重要？选择是人们对趋势与机会的判断把握，努力是人们对量变和质变关系的认知与行为积累。

组织运作及个体活动过程中不断做选择题——组织的投资合作、采购比选、客群筛选，个人的职业选择、婚姻选择、合作伙伴选择，选择离不开信息获取和分析判断，正确的选择确实有助于组织的良性运转及个体的健康发展，然而只选择不努力并不能持续享受正确选择带来的红利。努力工作应属于所有劳动者的必然选项，尤其是机会与条件受限情况下人们更要加倍付出努力。人们努力的意义不仅在于获取回报，还能保持一种积极向上的人生态度，并在生存与发展的竞争中取得有利位置。

意愿态度和现能潜能的思想观点：人的意愿兴趣能提高行为积极性——意愿、态度与动机有关，人在欲望驱使和性格影响下，会表现出良好的意愿和积极向上的态度，并有可能转化为实际行动。但不是所有的行为意愿和态度都可以转化为相应的行动，有些意愿态度只是积极表现的假象。除此之外，行动还受自身条件、方式方法和周边资源条件等因素的制约。总体而言，人们对良好的意愿和积极向上的态度持正面看法，也倾向于相信此类群体，愿意给予更多发展机会。事实上，意愿和结果不能画等号，事与愿违的情形不在少数。

组织通常会问某个人"能力怎么样"，潜意识中能力是核心要素。能力又分为现能和潜能，现能指已经表现出的实际能力，潜能则指尚未开发运用的隐藏能力。一般情况下，组织将现能强的人放置在合适岗位并给予合理授权，其在组织中的贡献也大；组织可进一步考察开发和重点使用潜能高的人，其未来绩效预期较好。意愿与行为积极性有关，贡献大小与能力有关。偏向于"意愿态度决定论"的上司、更重视现能和潜能的上司在用人管理及人事决策方面是有差异的。

意愿态度和天赋擅长是两回事，没有音乐细胞的人走音乐路线注定会倍加艰难，缺乏数学天赋的人搞数学研究自然吃力。人之现能、潜能中有相当一部分涉及天赋擅长，其能力若充分发挥，定能取得立竿见影的效果。意愿态度和现能潜能俱全最好不过，前者与后者之间存在落差只会事倍功半。道德品性同样被人们视为核心评价要素之一，他们把意愿态度和能力水平排在次要位置，这加剧了人才评价的复杂性。人类历史其实是一个充满争论的前进过程，前进的速度越快，争论越激烈。各种思想理论交织，在人们的反复探索和验证下推动了人类文明的进程。

（二）关于信念、选择、努力、意愿态度、能力的思索

有组织的地方就需要成员，从数十人到上万人不等，需要人才发展思想

作为人力资源管理和发展的理论指导。人才发展实为组织发展的重要组成部分，涵盖了人才甄别引进、人才任用与留用、人才盘点、人才梯队建设、职业生涯发展等内容。笔者在近 20 年的实践思考和知识学习中对各种思想流派做了思索，试图消除困惑、找到答案，或探索出一种新的理论，用以指导人力资源实践活动。

积极信念反映了人类在改造自然、推动社会发展过程中的自信和决心，体现了人的积极作为意愿和乐观精神。人们致力于通过行动改变现状，潜意识中放大主观意愿对客观世界的影响。人们过于乐观自信，则容易高估有利条件、低估不利因素、忽视不确定性风险。依据姓名、生辰八字、星象星座、手相面相来测定一个人的命运走势，经不起严谨推理和实践验证。预测命运行为之所以受人欢迎，可从六个方面进行剖析：第一，巴拿姆效应（对于一般性描述，受测群体主观相信并接受其中的部分信息）；第二，正例谬误效应（受测群体选择正例推断与忽略其他信息，导致谬误推理）；第三，俄狄浦斯效应（相信预期，认为只在虔诚笃信者身上应验）；第四，心理安慰渠道；第五，心理暗示作用；第六，幸存者偏差（收集幸存者样本进行统计分析和形成偏差性认知）。笔者不提倡各种形式的预测命运行为，但不否认性格与成就之间的关系。一个人的性格通常呈现多面性，有显性和隐性之分，其中，显性性格对其成长的影响较大。成功学方面的励志宣传明显夸大了信念的力量。人类个体如想要改变命运，不妨先聚焦于改造性格以期获得扭转命运的机会。人们须相信改变的力量：彻底改造自己，则改变个人命运；彻底改造团队，则改变组织命运。

当人们拥有一定选择权时，选择比方法重要，方法比努力重要。机会主义者倾向于做出有利于自身利益的选择，短期内容易获得回报，然而只顾眼前利益的短视选择，事后付出代价的概率更高。理智的人会基于自身条件、家庭背景、选择可行性等综合因素考量做出务实的选择。只迷恋选择而不愿付出的人，随着时间的推移，其之后的选择余地会愈发收窄，极有可能陷入被动境地丧失选择权。人生每次关键路口的选择至关重要，努力是在选择之后的积极行为。人一旦做出了选择，就应朝该方向的理想状态努力。人们在角色自我认知、定位、试错纠偏过程中对职业的选择逐渐分流为业务、管理、技术三个方向。业务方向涵盖具体业务岗、经营岗，管理方向包含专业职能岗、管理岗，技术方向囊括技术研发岗、技术服务岗。选择意味着取舍，努力意味着行动坚持。选择失误的后果是非常严重的，因此人们认清现实做出理性选择是必要的——稳定是群众的诉求，冒险是英雄的追求。选择在前，努力在后。关于人才的辨识选择和使用是组织发展的主要工作。组织可以运用正负激励杠杆引导或限制组织成员对工作岗位的选择——想让成员选择什么工作岗位就加大相应的激励措施，不想让成员选择什么工作岗位就降低该岗位吸引力甚至出台负激励措施。组织应优先寻找匹配业务、职能、技术工种的三类人才，然后做好优秀和高潜人才的职业成长管理。

个人若有良好的意愿态度，自然能充分发挥个体现能并激发潜能，同时人际关系更容易呈现出融洽状态。良好的意愿态度可以增强挑战意愿、鼓舞信心，使人不去计较艰苦的工作条件，于困难中积极寻找突破口，充分调动自身及团队资源要素完成一项工作任务或达成目标。在一定范围内，意愿态度与绩效表现之间大致属于正相关关系。但意愿态度与现能潜能并不总是重合的。个体或团队的现能再强、潜能再大依然有边界，当一个人或一个团队的现能潜能都有限时，意愿态度对绩效表现起不到实质性的正面效用。个人在某些领域完全无潜质，其意愿态度就无法调动自身潜能。如成员拥有丰富潜能而不能在该潜能发挥的领域工作，对组织而言是一种巨大的损失。组织依据绩效表现修正对个体的认知与任用策略，不被个人的积极意愿态度所蒙蔽，冷静判断其能力水平边界，估测潜能方向和潜能储藏量，然后加以开发使用。选对人做事，合理组合搭配以扩展团队能力边界，力求人之所擅与所接受的目标任务相匹配，是组织发展的重要使命。在难度系数大、挑战性强的业务领域，组织尤其需要优先选择特定性格类型、天赋擅长、潜质好的人才创造奇迹。明显带有功利色彩、社交活跃的人在诸多人眼中喜欢冒险、善于钻营、不守规矩，恰恰是这些特征让该类人在业务及经营活动中崭露头角。在资源分散、充分竞争的市场经济环境下，此类人有机会发挥所长。组织负责人可用连续的绩效表现验证组织对每个成员的认知及任用策略是否正确。真正与绩效表现有直接关系的是现能、潜能，而意愿态度影响的是现能发挥和潜能释放水平，间接影响了绩效表现。借助结果的验证，组织负责人更需大胆任用"意愿好、能力强、高产出"的成员，关注目标的达成及意图的实现；必要时辅导"意愿好、能力弱、一般产出"的成员，关注技能的提升和工作方法的改进；对于"意愿差、能力弱、低产出"的成员，则不必耗费太多精力和时间；限制使用"意愿差、能力强、高产出"的成员，则应加强指挥和风险管控，并关注目标的达成。

　　涉及交易和商业资源整合的工作属于业务及经营范畴，涉及通用类专业事项、团队管理的工作属于一般专业及管理范畴；涉及科学技术研究、产品设计开发的工作属于特定技术范畴。简言之，组织中的工作大抵分为业务及经营、专业及管理、特定技术三类，对应三种工作逻辑。第一种工作逻辑适用于业务交易、商业资源交换、外部公共关系处理、日常经营和增量业务开拓，撬动人性是关键；第二种工作逻辑适用于通用类专业深耕、团队建设、系统管理；第三种工作逻辑适用于科学研究、技术研发、产品设计开发及应用服务。任何一个需要独立生存的组织都要先解决业务交易、商业资源交换的问题。找到业务及经营方面的人才成为组织的首要问题。组织创始人是天然的领袖，但还需要招募更多优秀人才和高潜人才来加盟，确保组织生存和推动组织快速成长。

二、找到业务及经营擅长者，破解经营困境

包括政府机构、公共事业单位、企业在内的各类组织，若想有效运转、良性发展，都必须先解决经营问题（即生存问题），尤其是已经或将要陷入经营困境的组织迫切需要扭转局面，如市场经济下的各类企业自负盈亏，收入来自于产品销售、服务收费、专利授权、资产转让等，企业在充分竞争环境下面临经营压力和不确定性风险。组织只有找到并大胆任用业务及经营擅长者，才能应对和破解业务难题及经营困境，解决组织的生存问题。

（一）找到对的人，鼓励发挥带头作用

鉴于业务及经营关键岗位人选的职务影响力和决策风险，组织从人才的外聘内选之始就得致力于降低试错成本，科学评估候选人有无性格致命缺陷、有无业务或经营天赋、所拥有的能力能否胜任岗位。即使确定了人选，用人单位也须设置必要的试用考察期，依据绩效表现修正对个体的认知与任用策略。用人单位充分评估人选的性格特征、现能潜能，推动人才能量的释放。找对人、聚拢业务及经营人才，是所有组织破解经营困境的最佳途径。

在一定的规则机制运作下，组织成员是可以流入流出和在内部变动的，外部招聘、内部选拔都是组织选用人才的基本行为。不同事项对能力的要求不同，人之能力的边界有差异，找对人工作就会事半功倍，找错人就会徒劳无功甚至起到反作用。找人做事并给予诱因，已然成为人力资源发展的要事之一。让专业的人做专业的事，组织与成员商定目标并给予必要的资源支持，成员以业绩和解决问题的成效换取报酬。优秀的人分为两种，即目标聚焦型人才和任务管理型人才，前者可以承担组织绩效目标，后者则能承担由目标

层层分解的专项任务。一个人所提供的结果不好，需要组织进行思考与调整，可从五个方面来自问考量：一问资源，完成工作所需的资源是否严重不足（是否缺少必要的资源支持）；二问激励，针对组织成员的正负激励是否明显不足或激励偏差；三问人选，是否选对人、核心成员搭配有无致命缺陷、工作方法有无明显问题、该目标或任务的难度级别是否需要选派非常人主导完成；四问结构，组织结构、管理架构、资源配置方式是否存在结构性瓶颈或严重错位；五问路线，执行路线是否走偏、战略设想是否行不通、目标是否严重脱离实际、任务分配是否严重失衡。选对人、人和事匹配才能让资源投入变得合理，从而改善工作结果。组织的每一级决策人均需根据事项的类型、价值大小、难度系数、紧急程度选配合适的人。在找人做事过程中，决策人不必受限于岗位职责、人选意愿、人际关系、调配难度，需要突破性思考和决策。

　　组织的生存发展离不开人才的支撑，尤其是业务带头人、经营者、各级组织负责人、核心技术人才等关键岗位人才。不同的人，努力效果截然不同。一个人的性格特质足以影响其发展走向。人与人之间的天赋擅长、潜能有着显著不同，甚至是本质性差异。选用好材料意味着预期结果的可控性，组织自然不愿在关键岗位任用差强人意的人员，避免增加行为结果的不确定性。组织决策人重点梳理和优化配置各级组织及团队的负责人，先找业务及经营带头人，只有反复筛选找到对的人，给予信任和大胆任用，运用分配激励杠杆鼓励有序竞争，才能对组织发展起到正向作用，全新业务、高挑战性的成熟业务尤其如此，业务及经营岗人选的正向或负面作用只会更加凸显。在庞大的组织体系中，组织最高决策人是最大的带头人，负责经营的高阶主管也是各自业务板块的带头人，下属各级组织负责人、团队负责人属于部门/团队带头人，与业务及经营有关的带头人能够决定组织的经营能力、深刻影响组织的发展命运。优秀与高潜的业务及经营人才，再加上良好的分配机制能解决组织的生死问题。组织因事选人，选对人工作效率高；组织因目标选人，选对人工作效能高。

组织选人应重点评估一个人的意愿、能力、绩效，优先选择意愿好、能力强、确定性高产出的人才，其次把控使用意愿好、能力弱、一般产出的人才，以及意愿差、能力强、不确定性高产出的人才。意愿、能力与绩效是正相关关系。具体如图 5-1 所示。

意愿好	意愿好、能力弱、一般产出	意愿好、能力强、确定性高产出
意愿差	意愿差、能力弱、确定性低产出	意愿差、能力强、不确定性高产出
	能力弱	能力强

图 5-1　意愿、能力与绩效匹配性象限分布

组织必然追逐确定性高绩效。积极引进和重点使用意愿好、能力强的人才，并不代表组织会放弃使用其他类型人才。优质人才总是有限的，需要对多种人才进行组合搭配使用。不同工种和岗位对于组织的价值有所不同，高价值的工种和岗位需要用到优质人才。

（二）业务挑战性及经营难度越大，越需要业务及经营擅长者

人的能力有边界，组织可以用能力测试方式测定一个人的能力边界，也可以用实践结果验证一个人的真实水平。当工作内容的挑战性（难度系数）超过个体现有能力时，要么逼出人的潜能，要么发现其不能胜任该工作。组织需要找一批人，遴选一批能力扩展性较强的人进行搭配使用从而扩展组织能力的边界。

挑战无处不在。人的学习成长是一个应对挑战的过程，在时间的推移中出现分化——总有材质不同的人脱颖而出，组织应将注意力放在寻找和聚拢可立功之将才方面。对于创造性和挑战性工作，组织必当遴选优秀人才和高潜人才交付成果，同时提供必要的资源支持，尤其是优质资源供应（优潜人才也是一种优质资源）。相较于内部管理压力，外部市场挑战更迫切需要组织解决。物色业务及经营人选，对组织而言也是关键选择。经营性组织迫切需要找到擅长业务及经营活动（储备足够的相应潜能）的人，这类人在性格特质、思维方式、沟通方式、决策倾向等多方面特别适合业务及经营工作。功利目的、思维跳跃、商务沟通风格、冒险精神、自由决策倾向、灵活多变特点——这些描述都是业务及经营擅长者的共性特征。业务擅长者善于发现机会、促成交易、置换资源，经营擅长者则善于筹划现金、提高利润、控制风险，共同保障组织的生存发展。用人单位尤其是组织发展团队需面向社会持续物色、从组织内部不断发掘能在业务及经营活动中立功的将才（尤其是非常人），才能为组织生存发展提供源源不断的核心资源。

所谓常人，是指品性、想法、思维习惯、沟通方式、工作方法等都有限的平常个体，其个人特征符合大多数群体的共性特征。常人习惯于运用成熟工具开展挑战性低的日常工作，其创造性解决问题、创造业绩奇迹的概率几乎为零。组织处于顺境时，常人与非常人之间的区别表现不是很明显；当处

逆境之际，常人仅依靠自身力量无力改变现状，非常人则有机会带领团队于逆境中脱困。非常人在思想、个性、思维方式、沟通方式等方面看似"不合群"，多有偏执的一面。非常人具有野心、思想见地独特、个性鲜明、富有挑战精神，遇到困难时能以非常规思路破解。常规工作有先例和规则可循，自然无须任用非常人，非常事则由非常人来办才有非常之结果。业务的挑战程度和经营的难度级别使非常人有了用武之地。对于有点挑战的工作，仍可安排常人尝试完成；对于难度加码的工作，则需要考虑任用非常人；而对于高难挑战、极限挑战的目标或任务，则必须选用非常人才有机会完成。

组织用人做事的基本方针：第一，发现并重用非常人做非常事，将其置于全新挑战性业务管理岗或经营岗，专业技术擅长类非常人亦同理配置；第二，找到并重用常人之优秀、高潜分子做有点挑战性的寻常事，将其置于有一定难度系数的业务管理岗或经营岗，专业技术擅长类常人亦同理配置；第三，组织对成员的使用要扬长避短，只要成员不存在职业品性问题，就提供工作机会，科学合理搭配使用。就业务及经营类工作而言，组织应安排常人去做按部就班的例行业务事项及无难度的常态经营工作，选择常规优潜人才承接有一定挑战性的业务目标及有一定难度的常规经营目标，遴选和鼓励非常人接受全新挑战及高难度的任务。

第二节 关于业务工作逻辑的阐述

组织中的工作大致分为三大类：业务及经营类工作、一般专业及管理类工作、特定技术类工作。业务与经营之间具有密切关系，前者与收入、资源变现有关，后者与现金流入流出、利润有关。宽泛意义上的经营概念包含了业务范畴，包含收入、支出、利润、资金流动、资源调配和变现等。业务类工作主要指市场渠道拓展、招商、销售、回款、资源交换等，以货币交易和资源置换为目的，从营收方面做足文章；经营类工作主要指组织的日常运营，统筹营业收入、控制成本、增加利润，以保障现金流和利润为基本目的，从而推动组织的生存与发展。一般专业工作虽要求精进但无须保密，可以跨产业、跨行业、跨组织共享应用，其专业岗位通用于各类组织，具有广泛适用性，管理类工作同样具有开放、通用、共享特征，可以归为一类即一般专业及管理类工作，亦可称之为通用类工作。特定技术类工作属于自然科学研究与应用范畴，与组织业务和经营活动所需的核心技术及重要配套技术有关，从理论研究到技术研发，再到产品设计、开发、测试、制造、技术服务，组织间的激烈竞争加剧了核心技术的保密管理。三大类工作对应产生三种工作逻辑类型：业务工作逻辑、科学工作逻辑、技术工作逻辑，其中，业务工作逻辑可称为商业逻辑，科学工作逻辑可称为管理逻辑，技术工作逻辑可称为自然逻辑。

狭义上的逻辑指一种思维方式。笔者试图用"工作逻辑"一词抽象表述三类工作的区别及各自适用的活动场景与对象群体。

一、三种工作逻辑

组织的三大类工作对应产生业务工作逻辑（商业逻辑）、科学工作逻辑（管理逻辑）、技术工作逻辑（自然逻辑）三种工作逻辑，进而衍生划分出三类职业人，分别为擅长业务及经营、一般专业及管理、科学技术研发与应用人才。组织的各类商务交际活动、商业方案呈现和商业交易，交由业务及经营擅长者运用商业逻辑来处理；组织内部管理（尤其是职能管理）、通用专业类工作交由一般专业及管理擅长者运用管理逻辑来处理；科学理论与技术研究、产品设计及开发测试工作交由科学技术擅长者充分运用技术逻辑来处理。组织错配人选，其所运用工作逻辑与工作类型、活动场景不匹配，会导致工作推进一波三折，提供结果的效率、效果都难保证。

商业、管理、技术三种工作逻辑的研究对象、研究内容、研究目的、思维方式、适用场景，以及擅长三类逻辑的职业人所呈现的性格、社交、决策、语言行为偏好、风险态度有着显著不同。为了在以下行文中使主要概念以统一面貌出现，笔者将三种工作逻辑分别称为业务工作逻辑、科学工作逻辑、技术工作逻辑。

笔者据此制作了一张对比简表，以直观比较方式简述三种工作逻辑各自的内涵，描述各类工作擅长者的主要特征。具体如表5-1所示。

表5-1　常见的三种工作逻辑内涵及三类工作擅长者特征对比

常见的三种工作逻辑主要内涵对比		
对比项	业务工作逻辑（商业逻辑）	科学工作逻辑（管理逻辑）	技术工作逻辑（自然逻辑）
研究对象	人（商业交往的人）、生意	"事+人"，社会事项	物、"自然物+人造物"
研究内容	人性、心理	社会规律、人性、心理	自然规律
研究目的	（1）功利目的、经济意图、资源变现 （2）促成交易、资源交换、逐利成长 （3）增加收入（缩短交易周期，提高交易单价及交易量）、提高利润、保障现金流 （4）增加市场机会、维系客户关系 （5）筹划收支、调配资源	（1）于社会研究实践领域传承、改进、创造精神文明，于社会科学专业领域提出新的理论成果 （2）解决专业及管理问题，消除组织运行过程中的隐患 （3）建立健全组织专业职能，提升专业水平 （4）提升团队建设与团队活动管理水平 （5）建立程序，改善工作方法，规范运作与控制风险	（1）于自然科学研究实践领域传承、改进、创造物质文明，于自然科学技术领域提出新的理论成果 （2）攻克关键技术，解决技术问题 （3）发现和满足市场需求，研发技术、设计开发产品、生产制造科技产品 （4）获得核心技术优势

续表

常见的三种工作逻辑主要内涵对比		
对比项	业务工作逻辑（商业逻辑）	科学工作逻辑（管理逻辑）	技术工作逻辑（自然逻辑）
思维方式	建立在简化、联想、反证、非理性推理基础上； 如无必要，勿增实体——奥卡姆剃刀定律； 非理性、破常规、跳跃、简化、开放、抓要害； 理性、情感、形象思维并重，思维自由转换	建立在因果、归纳、复杂推理基础上，合理推测； 把简单的事情复杂化，做重、完美倾向； 理性、规则、系统、严谨、平衡、周全、谨慎； 理性、情感思维并重	建立在因果、演绎推理基础上； 用深奥的技术语言表达，技术表达倾向； 理性、严密、程序、实验、验证、理性之美； 理性思维为主，形象思维为辅
适用场景	（1）盈利模式设计、经营策略思考、经营筹划 （2）渠道开拓、市场机会获取、资源整合变现 （3）交易活动、业务回款、利润提升 （4）人际交往、商务谈判、客户关系维护 （5）业务决断、经营决策、业务动员	（1）专业研究、管理思想输出 （2）专业支持、管理思想实践 （3）调研及数据统计分析、报告 （4）组织发展、团队管理、沟通协调、计划管理 （5）专业研讨、管理研讨、日常决策	（1）自然现象观察、科学理论研究、科学实验 （2）技术需求分析、产品需求响应 （3）技术研发，产品设计与开发、测试、运行、维护、迭代升级 （4）技术服务、技术研讨
适用群体	销售/市场/招商业务人员、客户关系人员、经营人员	管理干部、一般专业工作者	科学研究人员、特定技术人员

三类工作擅长者主要特征对比		
对比项	业务及经营擅长者	一般专业及管理擅长者	科学理论研究及技术研发应用擅长者
性格特质	情商、心商、逆商较高，智商无明显缺陷	情商、智商较为均衡，心商、逆商不确定	智商高，情商、心商、逆商均不确定
社交特点	向外社交、市场嗅觉敏锐、商务社交活跃性强	向内思考、资源整合变现意识迟钝，具有外部商务社交惰性	人际关系迟钝，具有社交惰性
影响力	有个人魅力，号召力和感染力强，具有营销影响力	依赖职位权力和组织规则施加影响，具有职位权力影响力	凭借科学技术成果与实力施加影响，具有知识影响力

续表

三类工作擅长者主要特征对比		
对比项	业务及经营擅长者	一般专业及管理擅长者	科学理论研究及技术研发应用擅长者
行事风格与行为偏好	（1）聚焦目标解决交易障碍和提高经济效益 （2）积极寻找生意机会，结果导向 （3）激进冒险，大胆激励或过度激励倾向 （4）拥抱变化，不受拘束打破现有规则秩序 （5）策略多变，快速纠偏，以终为始，结果导向 （6）进攻性强，不担心混乱无序 （7）商务社交活动多，热衷于有效的社交活动 （8）一旦下定决心就集中资源快速行动	（1）优先关注工作规范性和风险，擅长系统性、结构性改善 （2）追求效率，过程导向，避免结果失控 （3）保守求稳，有限激励或激励不足 （4）恪守规则，重视合同、法律、规章、程序 （5）原则性强，在规则框架内灵活处理异常 （6）承压应对组织决策反复变化带来的管理挑战 （7）个体独立活动或参加团体活动、带队管理 （8）愿意提供专业支持，独立或借助团队做事	（1）聚焦关注理论发现、技术精进、产品改进 （2）坚持真理，喜欢推论、质疑和事实验证 （3）忽视物质激励倾向或对物质激励反应迟钝 （4）用技术手段（知识技能）解决问题 （5）引领或关注科学技术发展趋势，注重前沿理论 （6）个体独立研究或参加集体研究活动 （7）持续在某一研究领域投入时间精力 （8）喜欢无复杂因素干扰的环境，具有研究意愿
表达方式	先说结果、结论及解决方案、关键措施，具有强烈表达欲使用业务语言，一针见血指出要害	先说工作思路及方法，进行专业表达或艺术沟通； 使用专业或管理语言，系统全面表述，力求面面俱到	先说最新发现、理论观点、技术原理； 使用技术语言，理性表述，追求准确性
倾听方式	只对自己关心的问题和事项感兴趣，从中发现获利机会，对与生意无关的话题耐心有限，很快失去兴趣	洞察表达者的情绪，隐藏个人情绪； 有耐心，愿意耗费时间倾听和交流	抓取交流中的理论及技术要点、推理过程； 单纯智商思考，忽略或淡化情感、意图
风险态度	具有冒险倾向，在危机面前富有激情和挑战欲；判断风险可承受则大胆决策并付诸行动	过度控制风险倾向，悲观预期； 反对或消极执行高风险决策	技术实施及运行故障风险意识强； 经营风险意识薄弱，不认同违反规律的冒险决策
决策偏好	不受规则束缚，敢于突破性决策，先解决经营效益问题，再考虑管理风险问题	决策受限于规则框架，遵循法律，把规章依据支撑决策； 谨慎决策，恐惧独立做出重大决策	尊重知识规律，追求决策的科学合理性、严谨性； 以理论知识和严密逻辑、科学程序论证决策

通过以上对比可以清晰直观地看到三种工作逻辑的研究对象、内容、目的的显著差异，业务工作逻辑与人有关，围绕人性和心理展开，社会属性鲜明；科学工作逻辑综合关联事与人，围绕社会规律、人性、心理多方面展开，

社会属性仍比较强；技术工作逻辑与物有关，围绕自然规律展开，自然属性鲜明。

关于人性的研究，中国的荀子、韩非子、孟子及德国的尼采等基本从人性的善恶出发进行论述——人性本恶论把人与人置于对立面，利益才是行为表象背后的根源；人性本善或向善论道出了人具有良知的一面，恻隐、羞恶、辞让、是非之心是人本性的自然呈现。历代东西方学者努力尝试构建道德体系，并描述了道德与社会秩序环境的关系。在笔者看来，人性自然存在私、贪、爱三个欲望原点，每个人天生原点不同，同一人所呈现的人性有显隐之分。私者，重在守护利益，以自利视角看待社会交往；贪者，重在夺取利益，以贪婪视角看待社会交往；爱者，重在善意舍弃，以善良割舍看待社会交往。

业务及经营擅长者具备营销影响力和个性魅力，拥有强烈的进攻欲望和冒险精神，只需环境条件的触发即可释放，具有组织决策人、带头人角色意识；一般专业及管理擅长者聚焦于共享职能专业事项及团队管理，拥有稳定意愿和强烈的风险意识，充当辅助支持角色或团队统筹角色；科学理论研究及技术研发应用擅长者人际关系简单，但在自然知识学习研究方面天赋异禀，喜欢在科学知识体系内为人类文明进步添砖加瓦，不介意个人在组织中的角色地位。

小微型组织的创始人通常是业务及经营擅长者。当组织具备一定规模时，同一个组织需要业务及经营擅长者、一般专业及管理擅长者搭配合作才能发展壮大。庞大的组织体系或技术密集型组织还需要增加科学理论研究及技术研发应用人才队伍，除了业务及经营擅长者、一般专业及管理擅长者的通力合作，也得考虑借助科学理论研究及技术研发应用擅长者构建竞争的技术壁垒，不断增强核心技术优势，国家之间、跨国企业之间的竞争莫不如此，都会涉及科学技术的激烈对决，在竞争中有合作也有技术封锁。

二、行之有效的业务工作逻辑

人们运用业务工作逻辑做渠道开拓、销售、招商、回款、商务谈判、客情维护、收支筹划等活动，为组织带来现金流及所需的各种资源。从业务及经营角度判断，行之有效的业务工作逻辑定义及丰富内涵与人性心理、商务社交、实践验证、组织生存发展决策有关。

（一）业务工作逻辑定义

业务工作逻辑指建立在简化推理基础上的撬动人性与心理的工作方法集合。业务工作逻辑主要指有关业务及经营活动范畴事项的工作逻辑。广泛意义上可将之视为业务及经营活动中人们对相关规律/人性/心理知识要素的掌握与运用、推理方式的集合。它具有简化跳跃的思维方式、活跃的商务社交、功利性沟通与行为偏好、风险决策方式等鲜明特征。人们领悟和把握适应业务及经营活动的生意规律、洞察人性、开展心理活动，习惯性运用大开大阖的思维方式、开展高频次的商务交往、以功利为目的进行高效沟通与实践、进行冒险激进与突破性决策，从组织的生存交易、资源交换、风险性逐利、发展成长四个层面为组织创造核心价值，从根本上保障组织生存与发展。与科学工作逻辑适用场景不同，业务工作逻辑尤其适用于商务交际、市场拓展、资源交换、商业谈判、业务交易及整体经营活动。

业务及经营活动尤其需要采用简化推理方式，使人们在分析、判断、决策、行动时排除了各种不必要的因素，避免无限地系统思考耗费时间、错失良机。人的思考越全面越容易囊括繁杂信息，也容易放大无关要素的作用，加重思考和辨别的负担。思维经济性原则是奥卡姆剃刀定律应用于经济活动思考的指导方针。"如无必要，勿增实体"的表述和"大道至简"的思想有异曲同工之妙。业务工作逻辑实质上是结果导向的——遵循简单有效原则，由结果验证；科学工作逻辑实质上是过程导向的——强调做足过程，水到渠成。

业务工作逻辑所适用的业务及经营场景主要包含了销售交易、资源交换、获取利润、经营增长与突破性决策活动。行之有效的业务工作逻辑离不开人和生意，渠道铺货、产品销售、服务收费、资源变现、追回应收款、续签销售合同、投融资、调配经营资源、提升利润、突破业务瓶颈、实现良性循环经营等都是生意行为，不外乎利益二字。

（二）业务工作逻辑的四类适用场景

业务工作逻辑又称为商业逻辑，其功利色彩浓厚，以增加组织的业务收入、经营收益为出发点。组织成员（业务及经营人才）通过销售交易、资源变现等活动为组织直接创造财富、创造价值，确保良性发展的前提下为组织获取更多经济利益，维系组织生存并从根本上推动组织发展。

业务工作逻辑的应用场景主要分为四类：交易、交换、逐利、成长，且它们之间呈现递进态势。组织先要解决生存层面的交易问题，才能谈得上发展。业务人员在市场中敏于观察、快速反应，在客户群体中识别交易决策人，以用户视角撬动人性，通过游说促成交易。除了销售交易，各种资源的交换与变现亦不可或缺，品牌、技术、场地、设备、股权资源等都可以作为交换或转让的标的物，组织之间、组织与个人之间通过资源交换各取所需。业务及经营者积极开展商务社交，借此整合资源并持续做多资源。经营者追逐现金流与利润，同时降控风险，找到适合自身条件的盈利模式。经营者通过收支筹划、资源调配等活动获得风险收益，积极做大收益、努力降低风险，从而增强组织的危机抵抗力。生存层面的交易、资源层面的交换、风险收益层面的逐利，均属于组织生存活动。当生存无虞时，组织自然要考虑发展问题，随着组织规模的扩增，尤其需要找到和聚拢一批非常人才、常人之优秀/高潜人才共同做大营收、做高估值、做多利润、做强组织。业务及经营人才的引进、经营目标的设定、资源的优化配置、业务策略及经营路线的调整，都离不开组织创始人或最高经营者的决策突破。

交易是业务工作逻辑的基础活动场景，交换是交易的延伸或前奏，逐利属于经营风险、收益层面，成长属于发展突破层面。业务工作逻辑的四类适用场景如图 5-2 所示。

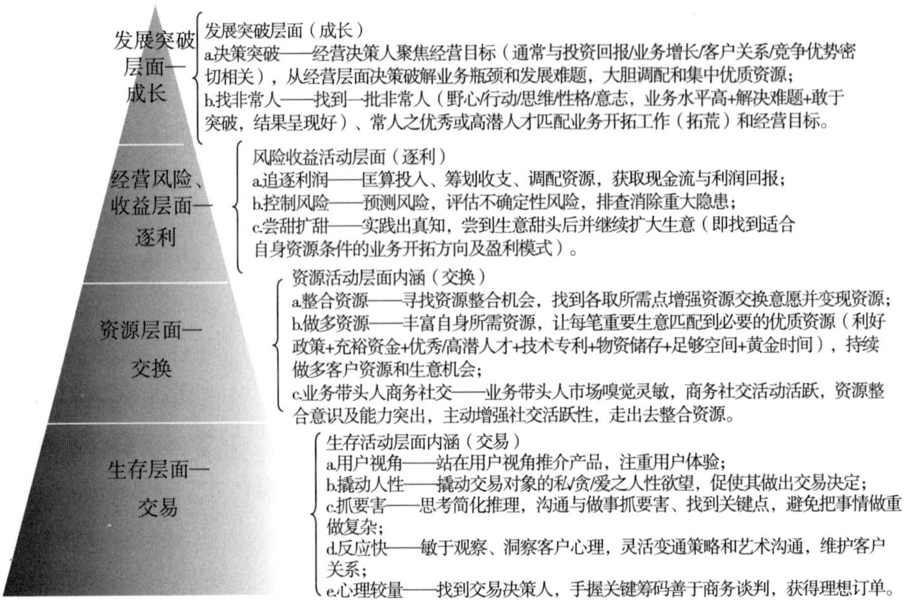

图 5-2 业务工作逻辑的四类适用场景

（三）行之有效的业务工作逻辑之基本工作方法

不同类型的工作逻辑对应的工作方法有明显差异，科学工作逻辑所推崇的工作方法有大胆创新、入微解构（流程要素无限分解）、要素集成（流程要素整合集成）、找到最小份额法，而行之有效的业务工作逻辑则包括实践检验、选用非常人、大胆决策、商务社交、满足人性法五种基本工作方法，具体阐释如下：

（1）实践检验法：信奉实践出真知。生意人从哪里尝到生意甜头就从哪里继续扩大生意，找到一条适合自身生存与发展的盈利模式。业务及经营工作者重视从成功的实践案例中总结经验、从失败的实践案例中吸取教训，但从不拘泥于过往案例——可参考但不照搬复制。特定的历史背景、生存环境让信奉实践出真知的人脱颖而出。所有有关业务及经营的理论、设想、策略都必须要接受当下实践的反复检验，曾经的成功案例有其历史环境和人文特性，有时效性特点。业务及经营擅长者边实践边调适，从而找到符合当前市场趋势与社会人文环境的生意做法，在市场竞争中取得一席之地。实践检验法符合简化推理，遵循简单有效原则和结果导向，从实践结果中吸取教训和借鉴成功做法。

（2）**选用非常人**：推崇非常人。业务及经营擅长者必须是成功实践者而非纸面理论家，充分竞争的市场环境下每一项业务、每一次成交都具有挑战性，经营的难度随着竞争的加剧而增强。业务及经营擅长者最好具备超出常人的性格特质、思维方式、能力水准，属于非常人或常人之优秀/高潜类人才，如此才能解决业务及经营难题。只有非常人的思维不受束缚、敢于打破规则，不受限于现有资源，因应市场变化提出具有开创性的举措并大力推行。

（3）**大胆决策法**：于风险中突破性决策。业务带头人必须大胆决策，积极控制风险。组织的各级业务及经营负责人在业务交易、经营统筹过程中每一刻都面临决策压力，决策包含了风险代价，不决策或迟滞决策则可能错过机会，这尤其考验带头人的市场嗅觉和分析决断能力。业务及经营决策必然具备一定的冒险性，业务带头人的个人胆识、决策方式具有关键作用。按部就班地工作只适合难度和挑战性不高的常态工作内容，业务及经营活动的每个关键环节都会面临决策，其本质就是从风险中获益，拒绝冒险或长时间犹豫不决比冒险决策所要付出的成长代价更大。

（4）**商务社交法**：业务带头人投身于商务社交活动。业务带头人走出去发现机会、开拓渠道、寻找客户、洽谈生意、灵活合作、维护客情，这些都属于带着功利目的的商务社交范畴。业务带头人愿意并且善于社交，具有明显的社交活跃性，在社交活动中对各类资源、资金、合作机会等要素信息进行筛选，具备敏锐的资源整合意识和整合能力。业务带头人在具有功利属性的交际活动中实现资源整合，具有卓越的资源变现能力。

（5）满足人性法。 从不忽略心理活动，亦不遏制人性欲望。业务及经营活动中涉及大量交易决策、销售回款、销售合同续签、市场渠道获取、资源获取及变现工作，人性、心理所起到的作用比规律更为重要。业务及经营者采取必要策略赢得好感，满足对方的人性欲望，从而获得业务增长和经营发展。在满足人性欲望与洞悉心理活动过程中，生意各方自然会以手中筹码进行反复博弈，但也会努力实现共赢，除非其中一方决定放弃这笔生意。业务及经营者运用满足人性的工作方法时尤其要忌讳完全从自身利益出发——着重于满足自身利益诉求和情绪感受而忽略合作方的人性与心理变化，这种做法让只会让自己失去更多机会。

结合上述文字描述，业务工作逻的基本工作方法如图 5-3 所示。

行之有效的业务工作逻辑具体工作方法	实践检验法	实践出真知，灵活调整策略尝试突破，尝试成功则快速复制（即找到适合自身资源条件的业务开拓方向及盈利模式），甚至因应调整经营方向
	选用非常人	找到非常人匹配业务开拓工作（拓荒），破解业务挑战和解决经营难题，至少也要找到常人之优秀、高潜人才进行组合搭配
	大胆决策法	业务带头人发现市场机会或危机后敢于决策，积极调配和集中优质资源投入到关键业务领域和整体经营上，允许争论、排除争议、抓住机会、大胆决策
	商务社交法	业务带头人的商务社交活动活跃，具备敏锐市场嗅觉、资源整合意识及能力，不必苛求逻辑严谨性、管理规范性
	满足人性法	业务及经营者采取必要策略赢得好感，满足对方的人性欲望，从而获得业务增长和经营发展

图 5-3　业务工作逻辑的基本工作方法

第三节　探索性论证

本节着重论述业务/科学/技术三种工作逻辑与三种擅长者、业务工作逻辑基本工作方法的推理过程，从常见组织形态的功能、目的、价值方面说明三种工作逻辑与三种擅长者的分类依据，再从业务及经营活动的变化性、冒险性、社交属性、人的核心因素方面说明五种体工作方法的由来。

一、组织划分三种工作逻辑和三种擅长者的推理

（一）从组织功能推理

组织功能运转，不外乎人、事、物的运行。组织成员与投资人、外部客户、供应商、政府及协会人员打交道，属于人的运转范畴；统计考勤薪资、核算账目、调度资金、调配资源、安全生产、改进管理方法、策划团队活动等职能事项，属于事的运转范畴；改进仪器、操作机器、实验观测、加工材料、使用软件、开发信息系统、设计新产品，属于物的运转范畴。假定组织功能的运转分为人、事、物，那么对应衍生与人、事、物相关的三种工作逻辑，人、事、物运转有混合则允许工作逻辑的交叉运用，由此产生业务工作逻辑（主要与人有关）、科学工作逻辑（主要与事有关）、技术工作逻辑（主要与物有关）。同理类推，组织分类出擅长业务及经营、一般专业及管理、科学理论研究及技术研发应用的三种人才。

组织应优选擅长业务及经营的人开展商业交往活动，擅长一般专业及管理的人不能代替业务及经营擅长者，精通管理的干部在业务及经营岗身居正

职可能会造成保守被动局面。组织可选用相应的人从事通用专业职能事项工作与非业务类团队管理。关系组织生存发展生命线的特定技术研究、设计、开发等工作，组织须安排相应的科学技术人才，业务或一般专业擅长者由于其自然科学知识不足而无从介入科学技术事业。

（二）从组织生存发展需要推理

营利性组织只要缺乏资金等生存必需资源就无法正常运作。资金的来源可以是销售产品回款、技术及设备资源变卖所得收入，也可以是创始人及合伙人持续注资、民众捐赠款项，只有持续的周期性现金流水才能保障组织良性循环运作。解决资金的问题，就是解决组织的生存问题。人类社会生存需要生存逻辑，业务及经营类活动的基本目的在于交易、交换，为组织赢得生存空间，业务工作逻辑由此产生。先求生存再求发展，组织发展到一定规模才会产生具体分工，科学工作逻辑和技术工作逻辑应运而生。

无论组织的追求有多高，都得先解除生存危机。业务工作逻辑是用来解除组织生存危机的，业务工作逻辑、科学工作逻辑、技术工作逻辑共同推动组织发展。组织发展的方向不同，对工作逻辑的侧重亦不同。若组织决策者偏向于做大组织规模，则更依赖专业细分和职能发展，科学工作逻辑更能发挥作用；偏向于构建核心技术优势、加强技术壁垒，则更依赖科学理论研究和技术研发应用，技术工作逻辑受到推崇。善于运用业务工作逻辑的人对组织的生存与发展起到不可替代的作用，善于运用科学工作逻辑和技术工作逻辑的人对组织的发展起到巨大作用。

组织在初创阶段面临生存策略的反复调整，好的业务人才、好的分配机制能解决组织的生死问题。当组织处于快速发展阶段而不断健全职能、增加生产线/人力/技术等投入时，业务/科学/技术三种工作逻辑及相应擅长者各司其职、相辅相成。当组织处于衰退阶段，业务/科学/技术工作逻辑及相应擅长者都不再那么重要，组织采取了业务收缩或放弃战略。组织的高阶主管若不能从战略层面思考，仅擅于业务而非经营（即以业务战术勤勉掩盖经营战略懒惰），长期如此会对组织发展产生致命风险。

（三）从价值链推理

价值链由基本活动和辅助活动构成，辅助工作围绕基本活动进行。基本活动均与生产经营有关，属于组织的主体活动；辅助活动与支持性职能有关，属于必要的配合性活动。市场营销、渠道拓展、销售、招商、订单生产、回款、售后等业务及经营类活动催生业务工作逻辑，由业务及经营擅长者使用；财务资金、人力资源、技术开发、招标采购等支持主体活动的专业活动，以及非业务及经营的团队管理类活动共同催生科学工作逻辑，由一般专业擅长者和管理擅长者使用；科学研究、技术研发、产品设计、技术服务等与主营业务密切相关的技术活动催生技术工作逻辑，由科学理论研究及技术研发应用擅长者使用。

基本活动催生与之相关的业务工作逻辑，辅助活动催生与之相关的科学工作逻辑和技术工作逻辑，三种工作逻辑足以覆盖价值链全部活动。优秀的组织，其关键少数成员一定擅长某种工作逻辑，具备一定规模的经营类组织通常拥有三种成员：业务及经营擅长者娴熟运用业务工作逻辑投身于组织主体活动；一般专业及管理擅长者掌握运用科学工作逻辑投身于通用专业支持和非业务及经营的管理类配合性活动；科学理论研究及技术研发应用擅长者自然运用技术工作逻辑投身于组织有关业务的科学技术研究、产品设计开发测试、技术服务类支持活动。

价值链理论在组织结构上的呈现：组织机构通常设置业务板块、共享支持平台、核心技术支持板块，或者业务板块、支持平台、产品板块。各板块及平台应鼓励和评估引导组织成员匹配自我擅长的工作，如果其能力擅长恰能满足组织的迫切需求，组织必以最快速度实现人与事、人与岗的最优匹配。

二、业务工作逻辑具体工作方法的推理

（一）业务及经营活动的变化性——需要实践检验

商务谈判、销售、资源交换、统筹经营活动都具有很大的不确定性，涉及多方的角力。情绪感受型客户的购买决策就在一念之间，偏理性的客户反复权衡利弊后才会下定决心。经营是一个周期性过程，既然有计划事项就会有意外事件，有年度预算就有预算外收支，经营周期越长，不确定性事件就越多，过程风险频次及风险级别同样增加。但凡成功的商务谈判、销售、资源交换、经营盈利案例一定有可取之处，人们模仿复制的代价是较低的，关键是要识别成功案例所适用的工作场景、资源条件及时代背景，避免不加思考简单复制造成沉痛代价。

市场竞争加剧业务及经营活动的不确定性，组织在借鉴和摸索中一旦从某个业务方向、业务策略及某种商业模式中尝到甜头，就不妨继续加速前进获取更大经济收益。毕竟业务及经营的变化性不允许各级组织负责人有足够的时间系统化梳理提炼业务及经营经验教训，从哪里尝到生意甜头就从哪里快速复制是现实所需，行业机会和产品的风口一旦错过就得重新寻找方向。组织结合自身近期成功案例做简单总结后继续将经验用在后续业务及经营实践活动中，在一定时段内资源条件通常不会有大幅变化，投入代价和失败风险自然较小。以可控的策略和较小的试错代价快速成交，成为经营性组织的通常选择。

鉴于业务及经营的摸索性和变化性，组织在实践活动中只有大胆尝试、反复试错、尝到生意甜头后快速简单复制，留出纠错空间及成本，从成功案例中选择合适的方向、方法策略才能获得立足之地。人们通过实践找到一条

适合自己的生意方式从而加速扩大生意规模，是试错成本低、投入小、短期内获得预期回报的有效策略，但最怕蜂拥模仿的市场趋利行为。

（二）业务及经营活动的冒险性——需要大胆决策

初创的小微组织、自由竞争的经营性组织等，生存环境逼迫其野蛮生长。它们每一天都在危机与冒险中度过。组织的业务及经营工作并非处于按部就班的状态，而是在现金流压力、业务问题阻碍、不确定性风险交织中进行。激烈的竞争态势迫使每一个组织在极端严酷环境中先存活下来，积极突围才有生存与发展机会。

组织创始人或经营者做规划、画蓝图需考虑连接梦想和现实的路径与策略，在严酷的市场环境下践行设想。现实情况与理论环境大不同，有着诸多不确定性因素干扰，其中，部分干扰因素如不能得到有效排除则会严重阻碍组织的发展甚至形成致命危害。纯粹理性的人不会做高概率失败的事情，在充分竞争的公平环境下寻找资金、销售交易是一件富有挑战的事。自负盈亏的组织要先解决资金问题。组织创始人或经营者只有做好业务及经营才能解决组织的生存问题。业务及经营是一种冒险活动，需要一定的冒险精神和决断勇气。组织无论如何决策其行为风险仍不可完全消除，挑战性越强和难度越大，组织的业务及经营风险越高。理性的人把 10% 的可能性事件变为不可能事件，属于典型的保守主义倾向；冒险的人把 10% 的低可能性事件变为增加成功机会的或然事件，属于典型的冒险主义倾向。

业务及经营擅长者必须习惯挑战，直面危机与生存压力并抓住机会大胆决策，在人性欲望的驱使下开展销售交易、资源交换、经营逐利及成长突破活动。业务及经营的冒险属性决定了行之有效的业务工作逻辑需要大胆决策工作方法的支撑。大胆决策体现了胆识、担当、责任。当组织规模越大、资源条件越丰富时，其所面临的竞争压力越小，此时业务及经营方面的大胆决策就未必适用了。

（三）业务活动的社交属性——需要商务社交

业务工作的核心场景由销售交易、资源交换、资源调配、收支筹划活动组成，围绕交易、交换、收支与现金流展开。业务交易活动离不开客户交流，资源交换活动离不开商务人脉和资源信息流动，收支筹划活动不仅要调配内部资源，还需要与其他各类组织高频次接触。由此可见，商务社交是诸多业务及经营活动的主要组成部分。

一个组织的强劲发展，得益于内部资源的优化配置、外部资源的有效整合。内部资源优化配置直接降低业务及经营目标的实现难度，并能加速实现目标；外部资源的有效整合使组织有机会获得紧缺型优质资源，诸如有利的倾斜性政策扶持、投资机构注资支持、新的合作伙伴加盟、大客户签约、新的场地空间、技术互换合作等，为组织发展注入能量。外部资源的有效整合需要商务社交活动量的积累，推介会、展览会、研讨会、市场考察活动、俱乐部活动、客户回馈活动、VIP会员新品鉴赏会等商务社交活动的场合是各种资源信息的聚散流转地。业务及经营者频繁出席各类商务社交场合以获取丰富的资源信息，并从中辨识出有价值的信息，发现其中的商业机会，促成交易或其他形式的合作。

综上所述，业务工作具有商务社交属性，业务的活跃性就是功利目的下的人际关系活跃性，业务及经营者的商务社交活动不可或缺。业务及经营擅长者持续积累人脉资源，择机将其转化为潜在的投资人、客户、供应商；业务及经营者积极整合变现资源机会，达成交易、交换、逐利、成长之目的；业务及经营者用利益合作增进交往，在博弈过程中达成某种形式的合作。

（四）业务及经营活动中人的核心因素——需要找非常人

组织中的岗位编制计划、任职资格条件设定具有一定的理想成分，现实运作环境往往与理想环境有明显落差。当现实资源条件严重制约组织的正常运作、业务及经营目标具有显著挑战性时，常规成员（常人）通常难以胜任。只有非常人有机会化解组织的业务及经营危机，破常规决策解决组织难题。

在生意场合中，人与人之间是利益的获取、资源的争夺与合作，组织与组织之间的竞争其实是利益的博弈、资源的竞争，尤其是优质资源的争夺。人才资源是组织资源的主要组成要素，非常人、常人之优潜分子是优质资源的组成部分。所有的资源要素中，人才是组织生存发展的核心资源，其中，非常人和常人之优潜分子是稀缺的、短期内难以替代的核心人才资源，非常人还属于特殊人才。组织只要将非常人放到合适的位置，其所发挥的价值不可估量。一个组织的品牌、资金、技术等资源要素越少，越需要找非常人应对挑战。若拥有组织平台资源的强大支持，该组织的销售人员销售压力就小很多，不需要太多技能就可以把产品卖出去。假定组织平台资源有限，那么该组织就必须依赖高水平的销售人员才能在市场竞争中求得一席之地。组织内外部环境越严酷艰难，越需要非常人牵头带领队伍走出经营困境。

业务及经营方面的非常人通常是外向型掠夺偏好者，喜欢竞争和挑战，既能正视组织资源的有限性也善于创造有利资源条件，积极为组织扩展生存发展空间。业务及经营擅长者一般会厌恶谨慎保守的工作态度，倾向于表现和冒险，鼓励内部成员有序竞争，带领团队面向外界抢占市场份额。人才的质量与结果的关系密切，在严峻形势下人们不得不面对挑战性目标与任务、工作难题，常人因其思维方式局限、现能潜能边界、外界资源条件不足等系列因素容易浅尝辄止，得以让突破思维定式的、现能强大和潜能丰富的非常人崭露头角。业务及经营活动具有探索性、开拓性、变化性特征，人们经常面临危机、遭遇逆境，思维和能力受限的常人不足以应对困难局面，需要非常人才能担当重任，也只有非常人才能肩负并完成历史使命。非常人自身具有浓郁的英雄情结，具有创造性解决问题和创造业绩奇迹的破常规能力。逆境英雄上，顺境常人做。没有非常人的组织在危机到来时容易遭受灭顶之灾。组织只有在非常人的带领下才有可能开创新局面。

（五）业务及经营活动中人的核心因素——需要满足人性欲望

由于业务及经营活动具有社交属性，各类决策人自然是此类活动场景中的核心角色。决策行为受决策人的思维方式、性格特点、决策偏好、个人欲望、情绪变化、心理感受等复杂因素影响，决策并非简单的理性分析与推测过程。业务及经营者主动营造良好的社交氛围，善于观察和控制决策者情绪波动，注意照顾其心理感受，有条件满足决策者的个人欲望，从而促成交易、实现回款、续签合同、增加市场铺货、获取和变现资源。业务及经营者仅从理性思维角度分析判断交易的必要性、回款的权益、续签的利益，忽略了对方的情绪变化和心理活动，选择性忽视或拒绝了对方的私人欲求，那么自然无法形成生意伙伴关系。

业务工作逻辑对人性与心理的重视程度超出科学工作逻辑，后者的内涵基本属于理性思考与动作的范畴。业务及经营擅长者为了做成生意，会尽可能选择采光、通风、温度适宜的舒适空间开展业务，并揣摩他人的心理活动，快速调整策略。销售人员如果无法拉近与对方的心理距离就走不进对方内心，无法探知其真实心理。

在揣摩他人心理活动基础上，业务及经营擅长者需敏锐洞察人性，以必要的利益要素撬动和满足客户/投资人的人性欲望，这样才能增强其合作意愿。生意人受利益动机驱使并做出交易决定，缺乏利益游说的理性解说不是商业表达方式，业务交易量及交易周期等皆不可控。所以，业务及经营者主动掌握并娴熟运用人性和心理策略技巧在业务及经营活动中能更有效地促成合作。

第四节　业务工作逻辑的应用领域及具体用途

一、投资领域：投资评估与选择的依据

在天使投资及 VC 投资阶段，投资本质上是投行业机会、投商业模式、投创始人及核心团队。候选企业的创始人及核心团队中有无业务及经营擅长者、是否善于运用业务工作逻辑，对于投资机构的投资评估与选择非常重要。在资金捉襟见肘情况下，企业创始人及核心团队单纯地运用科学工作逻辑或技术工作逻辑在企业生存及成长阶段是远远不够的，寻找稳定客源、持续增加收入、扩大市场占有份额、提高估值获得融资迫在眉睫，一个或多个业务及经营擅长者运用行之有效的业务工作逻辑能解燃眉之急。

组织中的创始人及核心团队是创业成功、发展壮大的核心因素。缺乏商业气质的核心团队创业的失败率高、快速成长机会的捕获能力不确定。投资人趋利避害是商业本性，主观意愿上不会主动承担投资失败的风险。考察创始团队的商业素养及技术实力，尽职调查被投企业财务状况/成长潜力/投资回报以降低投资风险，是投资人的本能。

二、业务活动：运用业务工作方法加速交易、交换

业务工作逻辑为业务及经营活动而生，市场渠道拓展、品牌或平台招商、经营单位运营、促销活动是业务活动的基本内容。这些业务活动目的在于签订合同、获得收入，属于交易层面。业务人员主要运用业务工作逻辑所推崇

的实践检验、大胆决策、商务社交、满足人性等具体工作方法实现交易目的。除了直奔主题的交易，业务活动还包括大量的资源整合，业务人员必须投入足够的时间精力在商务社交方面，在商务社交中寻找和发现有价值的商业信息并提出可能的合作方式。敏锐的市场嗅觉、灵活的资源整合意识，是业务人员必备的素质。资源变现是业务及经营擅长者盘点资源的首要考量因素。

业务活动与一般专业、管理、技术活动有根本性区别，谨慎的、严密的、系统的、规范的、程序的思考与行动方式无法应对瞬息万变的市场，完整无瑕的论证及决策过程通常会贻误合作时机。业务人员善于学习模仿成功做法，通人性、察心理，善于跳跃性思考和突破性决策，积极运用策略手段，争取抢先一步促成交易。活跃社交、大胆决策、迎合人性与心理、不断尝试变换和快速调整策略，是业务活动的基本指导方法。

三、经营活动：运用业务工作方法逐利、成长

经营是业务活动的升级和系统化，业务工作围绕客户合作及各类资源的交换变现展开，而经营工作不但涉及收入，还必须筹划开支、量入为出，关注账面利润的同时更在意现金净流入情况。如果实际款项收入与合同收入差距较大，当前现金盈余又不足，那么经营者会直接面临现金流短缺，现金流短缺问题若不能快速解决则会上升为经营危机。经营者必须在财务压力和经营风险严峻形势下灵活调整策略，筹措资金、尝试突破，集中组织有限的优质资源投入到业务领域和经营方面，全面收缩职能和所投资业务，以期使组织转危为安、渡过难关。

规模型组织的创始人或最高决策人需要组建一支业务及经营人才队伍，在未找到非常人之前不轻易投资开辟新的业务。因为善于经营的非常人才在筹划收支、调配资源、投融资、经营获利等方面所取得的成绩远超常人。一

般专业及管理擅长者与业务及经营擅长者在思维、决策、社交方面的特征差异巨大，人们运用一般专业及管理擅长者的工作方法应对业务挑战及经营难题就会造成配置错位，浪费资源的同时也会造成失败的后果。实践检验、选用非常人、大胆决策等工作方法特别适用于经营活动，但其试错代价、风险隐患确实不可控，因此组织选用擅长科学工作逻辑的人予以合理搭配能有效控制业务及经营活动风险。

四、人才发展领域：职业定位、人才测评、用人管理、潜能开发、人才搭配

（一）职业定位——自我职业角色评估与定位的参照

一个人在其生涯中扮演多种角色，职业人只是其中一个角色，但该角色通常为个人或家庭开销提供经济保障，因此对于大多数人来说它又是非常重要的角色。在职业生涯中，重视工作角色并富有进取精神的人会对自我职业角色进行评估定位，尝试运用各种测量工具来评测。

按照帕森斯的人职匹配理论，自我职业的选择与角色评估定位应遵循了解自己、了解职业、人职匹配步骤，选择与现实匹配度高的职业发展方向。当我们发现个人意愿和自身性格特质、能力擅长等相冲突时，就要慎重选择职业生涯发展路线——是选择代价高昂、成功概率低的职业方向还是选择能力匹配、潜能容易释放的职业方向。人们做出职业选择后并非一成不变，每隔一段时间就要进行纠偏。

从业人员掌握了组织中常见的三种工作逻辑内涵及三类工作擅长者特征，进行对比后发现个人长短板，有助于在职业成长路上减少困惑和莽撞行为，降低试错的代价。如果一个人的现能或潜能完全符合行之有效的业务工作逻辑，那么就不必刻意隐匿，组织也不能浪费人才资源。

（二）人才测评——指导不同类型岗位人才胜任模型的构建

人才测评是组织鉴定识别人才的基本方法，构建人才胜任模型、开发测试并推广应用人才测评工具是人才测评工作的主要内容。关于三种工作逻辑及三类工作擅长者特征的观点属于理论范畴，其内容可作为建模的基础维度、测评软件的底层架构。人才测评设计者根据人的性格特质、思维方式、能力特征、行为特点等构建业务及经营、一般专业及管理、科学理论研究及技术研发应用三种人才素质模型。组织在评估个体是否胜任业务及经营类岗位时，应适当强化商务社交、影响力、决策偏好评价维度。商务社交与获取资源信息、洽谈合作机会、增强合作黏性有关，而影响力与合作意愿、合作效率有关，决策偏好与时机把握、合作决心有关，它们均为业务及经营擅长者的核心特质。组织评估一个人是否胜任一般专业及管理岗位时，适当强化沟通协调、风险态度、决策偏好评价维度。沟通协调包含了表达、倾听等多方面特点，能辨识出管理者的过程主义倾向，测评风险态度能反映受测对象的风险意识，决策偏好反映受测对象的决策依据、决策速度、决策思考的先后顺序。评估一个人是否能胜任科学理论研究及技术研发应用岗位时，应适当强化思维方式、表达方式、行为偏好评价维度。对于技术类人才测评，不妨重点关注受测对象的理性思维方式、语言表达的逻辑与技术语言、研究兴趣及推论与验证的行为偏好。

（三）用人管理——关注和重点使用业务工作逻辑突出的人才

非技术密集型小微组织无须太多关注科学工作逻辑、技术工作逻辑突出的人才，主要物色能娴熟运用业务工作逻辑的人才。具备一定规模的组织仍应重点关注和寻找业务工作逻辑突出的人才，兼顾寻找科学工作逻辑、技术工作逻辑突出的人才。科技创新类组织除了聚拢一批业务及经营擅长者，必须花费足够的时间精力和资金用于引进、激励、留用科学理论研究及技术研发应用擅长者。

无论何种规模的组织，关注和重点使用业务工作逻辑突出的人才成为共同的选择。组织的带头人在很大程度上能决定一个组织的命运，带头人的更换在组织生存与发展过程中会起到立竿见影的效果。业务及经营擅长者性格鲜明，商务社交活动活跃，思维发散跳跃，其不受拘束的决定会随时打破组织现有的运行规则与秩序，可能会给组织造成一定程度的混乱，容易遭到职能团队、技术团队的反对或消极抵制。处于自由竞争的市场环境下且独立经营、自负盈亏的组织在人才管理方面需优先关注和重点使用娴熟运用业务工作逻辑的业务及经营擅长者（尤其是非常人才），鼓励其在业务领域向前冲，默许适当混乱的管理情形，支持科学理论研究及技术研发应用人才在技术领域疯狂创新。用人之长、容人之短、搭配补位，是组织永葆生命力和健康运转的最佳选择。

（四）潜能开发与人才搭配——分类开发潜能与科学搭配人才的依据

依照帕森斯的"人—职"匹配理论、霍兰德的职业性向理论，组织既可鼓励成员个体进行自我职业规划，也需主动引导成员职业成长，动态调配人才分布满足组织所需。笔者提出的业务及经营、一般专业及管理、科学理论研究及技术研发应用三类工作及其相应擅长者类型在潜能开发与人才搭配方面具有实践指导价值。组织发展团队根据每个个体的性格特质、天赋擅长、社交特点、思维方式、表达与倾听方式、决策与行为偏好等将之分类，结合组织的用人需求科学搭配三类人才。

组织发展团队积极发现和评估组织成员的潜能大小、性格优缺点与能力长短板，在工作所需基础上开发其潜能，优先满足业务及经营活动的人才需求。组织首先让擅长业务及经营的人占据业务及经营的关键岗位；其次让贴近业务并懂管理的人做非业务及经营类管理事项，让一般专业类擅长者独立工作以提供专业支持；最后让懂技术的人聚焦科学理论研究、技术研发应用，据此努力达到人适其事、科学搭配、人尽其才的理想状态。

　　三种工作逻辑归纳了组织工作的主要场景，丰富了工作内涵，提出了具体工作方法，还高度概括了组织人才的主要类型。自负盈亏的经营性组织在市场经济社会中广泛存在，国企、集体企业、民营企业、外资企业、合资企业等组织形式多样。经营性组织的运作不仅覆盖了三种逻辑下的具体工作场景，还覆盖了三种擅长型人才。在经营性组织中，投资合作、业务交易、资源交换、资源调配、收支筹划、获取利润、职业定位、人才测评、用人管理、潜能开发、人才搭配等具体工作均可用到"业务/科学/技术"三种工作逻辑，并以其作为重要的理论指导。

名词解释：

　　红利：原意指企业分配给股东的超过股息的利润，后扩展为额外收益。

　　业务：主要指获取市场机会、售卖产品、服务获利、变现商业资源获利的行为，保障组织的生存。

　　经营：动态筹划收入支出、调配资源，保障组织的现金流和盈利能力，推动组织的发展。

　　业务及经营擅长者：擅长交易、商业资源置换、发现和抓取市场机会的业务人才及善于筹划收支、调配资源并关注现金流量和盈利能力的日常经营人才。

　　关键岗位：支撑组织战略目标、承担组织生存发展功能、实现经济效益和其他综合效益的岗位，包括承担组织绩效责任的业务岗、经营岗、中高阶管理岗、核心技术岗。

　　巴拿姆效应：Barnum Effect，主观相信，并为之收集证据来证明。人们从笼统信息、模糊描述中寻找和认同其中的部分内容。

　　正例谬误效应：根据已有正例推断某种规律，选择性忽视了反例的存在和其他信息。

俄狄浦斯效应：Oedipus Effect，以预测本身影响被预测事件，即人们倾向于相信预期，预期真实发生。

幸存者偏差：过滤失败样本，收集成功样本并分析和形成偏差性认知。

常人：野心不大、寻常见识、思维受限、性格无特别之处、正常努力的平常人。常人之中仍有优秀、高潜、平庸、差劣之分。

非常人：拥有梦想、独立主见、思维突破、性格完美或个性鲜明、付出异于常人努力的少数群体。常人与非常人的区分并非绝对，在某个人生阶段具有转化可能。

效率：投入的资源与产出之间的比值；单位时间完成的工作量。效率关注过程，强调资源的优化使用，以正确方式做事。

效能：做事的方向与产出结果的价值。效能关注结果和期望之间的关系以及战略设想实现的价值，强调方向的正确性和效益，做正确的事。

一般专业及管理工作：通行于各行各业各类组织的社会科学学科类专业工作，以及团队管理工作。一般专业又可称之为通用专业，财务、人力、宣传、行政、法务、采购、工程、品质、审计、监察、外联、安全、企业文化等方面的职能皆可纳入一般专业范畴。

特定技术工作：自然科学技术类工作，其中，技术指组织业务发展所需的核心技术及不可或缺的配套技术，涵盖产品设计、技术研发、产品开发、产品测试、产品实施、生产制造、技术运维、技术服务等职能。

业务及经营工作：业务类指交易、商业资源置换、发现和抓取市场机会等工作；经营类指收支筹划、资源调配、资金管理和盈利提升等工作。

资源变现：把非现金资产、证券、技术、物资设备、场所空间、价值信息等换成现金。

　　奥卡姆剃刀定律：威廉·奥卡姆提出"如无必要，勿增实体"，实际秉持"简单有效、以简驭繁"原则。

　　经济性原则：以最小代价取得最大经济效益，减少不必要的资源消耗。

　　心商：心理健康值，反映心理活动水平，包括心理健康、心理承压能力、心理压力调适与释放、拉近与他人心理距离的能力。

　　逆商：毅力值，反映逆境挑战水平，包括对身处逆境的认知、摆脱困境的能力、化解风险的能力、将危机转化为机遇的能力。

　　不可能事件：在一定条件下一定不会发生的事件，其发生概率为0。

　　或然事件：一定条件下随机发生具有某种规律可循的可能性事件，人们通过计算推算可以预测或然事件发生的概率大小。

　　天使投资：自由投资人或风险投资机构对初创企业进行投资，属于高风险的创业投资。

　　VC投资：自由投资人或风险投资机构对成长期企业进行投资，属于长期的股权投资。

　　帕森斯的"人—职"匹配理论：一个人选择职业时需要人职匹配权衡——关于价值观、爱好、能力、资源条件与工作性质、要求、薪酬、职业前景之间的匹配。

　　霍兰德的职业性向理论：个性特征与人格倾向对职业偏好的影响，霍兰德将之归纳为"现实、研究、艺术、社会、企业（开拓）、常规"六种职业性向。

参考文献

［1］［英］奥卡姆 . 逻辑大全［M］. 王路，译 . 北京：商务印书馆，2010.

［2］［美］芭芭拉·明托 . 金字塔原理［M］. 汪洱，高榆，译 . 海口：南海出版公司，2014.

［3］陈波 . 逻辑学导论［M］. 北京：中国人民大学出版社，2014.

［4］［美］道格拉斯·麦格雷戈 . 企业的人性面［M］. 李宙，章雅倩，译 . 长春：北方妇女儿童出版社，2017.

［5］［美］戴维·丹尼尔斯，弗吉尼亚·普莱斯 . 九型人格自我发现与提升手册［M］. 程晨，译 . 北京：中信出版社，2012.

［6］［美］D. Q. 麦克伦尼 . 简单的逻辑学［M］. 赵明燕，译 . 杭州：浙江科学技术出版社，2023.

［7］［德］黑格尔 . 小逻辑［M］. 贺麟，译 . 北京：商务印书馆，1980.

［8］罗耶．奥卡姆剃刀：影响全球精英命运的思维法则［M］．北京：中国民航出版社，2005.

［9］老子．道德经［M］．张景，张松辉，译注．北京：中华书局，2021.

［10］孟子．孟子［M］．杨伯峻，译注．北京：中华书局，2019.

［11］［德］尼采．善恶的彼岸［M］．宇锋，译．北京：中国华侨出版社，2020.

［12］周文霞，谢宝国，潘静洲，等．职业生涯研究与实践必备的41个理论［M］．北京：北京大学出版社，2022.

［13］荀子．荀子［M］．方勇，李波，译注．北京：中华书局，2011.

［14］［美］朱迪亚·珀尔，达纳·麦肯齐．为什么：关于因果关系的新科学［M］．江生，于华，译．北京：中信出版社，2019.

［15］周建武，张大北，武宏志，等．逻辑学导论——推理、论证与批判性思维［M］．北京：清华大学出版社，2021.

后 记

人到中年，一个人的行为活动逐渐从外放转为内收，从广阔的客观世界退守至简单的内心世界。认真思考和努力实现人生的意义，增强抵御生存危机的力量，是笔者成书的原始动机。

笔者素来将读书、观察与实践并重，涉猎内容广杂，浅学通读逻辑、文史、哲学、管理等方面书籍，闲暇时参观各种画展、探访村落建筑、对弈消遣，力图融会贯通。而立之年才选定某一主业，实乃谋生所需。先秦文化与秦汉史、西欧科学与文学著作、欧美管理理论和哲学观点均对笔者思想的形成起到了潜移默化的作用。所学所识所见自然影响理论研究与实践。笔者从用文学语言创作转变为用专业语言创作，经历了一个试错纠偏的过程。

笔者遗憾选读文史专业而未能坚持数理学习，年龄越长越知数学的重要性。理论研究过程中构建模型、精确表达等都需要数学语言的支撑，限于自身知识结构，故力有不逮。笔者采用中文语言以尽可能专业的方式表达，意在描绘各种理论全貌并做简要论证。

有了丰富的人生阅历后，笔者发现性格、思维、人性、心理、工作方法及哲学对人类个体和整体文明有着深刻影响，本书从中选择了思维方式和工作方法进行详细论述。人们所拥有的全部思维活动依赖于思维的器官载体，成长于自我开发努力。思维活动的丰富性和思维发达程度直接影响族群的生存发展智慧与人类文明的进程。笔者所提出的业务工作逻辑（商业逻辑）、科学工作逻辑（管理逻辑）、技术工作逻辑（自然逻辑）涵盖了绝大部分工作场景，并衍生了多种具体工作方法，但未必完全适用于人文学科领域的文艺创作等活动。没有任何一种工作方法能够适用全部场景，但它们在一定范畴的活动场景中可以产生事半功倍的推动力，让读者在学习、工作、生活中如鱼得水。

本书虽命名为《管理与人力资源实用方法》，但实际内容既有面试方法与应用分析、组织对成员职业生涯的有序管理两章完全契合主题的内容，亦有思维轮廓、科学工作逻辑的分析及应用、浅谈经营者的业务工作逻辑三章与管理相关但又跨界的内容。本书为笔者管理思想随笔的第二次整理成册，每章近似论文的思想随笔相互关联，又均可独立成章。本书蕴含了诸多深入思考和理论假设，从行文的严谨性与规范性考量又只能点到为止，诚愿读者能从中找到可用之处。